Steinbock Horoskop 2024

Angeline Rubi

Alina A. Rubi

Unabhängig veröffentlicht

Alle Rechte vorbehalten © 2024.

Astrologin: Alina A. Rubi

Redaktionelle Bearbeitung: Alina. Rubi und Angeline A. Rubi

rubiediciones29@gmail.com

Kein Teil dieses Horoskops 2024 darf in irgendeiner Form oder mit irgendwelchen elektronischen oder mechanischen Mitteln reproduziert oder übertragen werden. Dies gilt auch für die Vervielfältigung durch Fotokopie, Aufzeichnung oder ein anderes Informationsspeicher- und -abrufsystem ohne vorherige schriftliche Genehmigung des Autors.

Wer ist Capricorn?

Termine: 22. Dezember - 20. Januar

Tag: Samstag

Farbe: Schwarz, Terrakotta

Element: Erde

Kompatibilität: Stier, Jungfrau, Fische und Krebs

Symbol:

Modalität: Kardinal

Polarität: Weiblich

Herrschender Planet: Saturn

Haus: 10

Metall: Blei

Quarz: Achat, Schwarzer Turmalin, Fluorit, Granat

Sternbild: Steinbock

Steinbock-Persönlichkeit

Der Steinbock ist eines der stabilsten, sichersten und ruhigsten Zeichen des Tierkreises. Sie sind fleißig, verantwortungsbewusst, praktisch und bereit, so lange wie nötig durchzuhalten, um ihr Ziel zu erreichen.

Sie sind zuverlässig und haben oft die Aufgabe, ein Projekt zu Ende zu bringen, das von einem der bahnbrechenden Zeichen begonnen wurde. Sie gehören nicht zu den fröhlichsten Tierkreiszeichen. Vielmehr neigen sie manchmal zum Pessimismus.

Wenn ein Steinbock an einer Depression leidet, sollte er/sie Hilfe suchen. Tatsächlich sollte ein Steinbock immer versuchen, seine emotionale Stabilität durch Meditation, Atmung oder Aktivitäten aufrechtzuerhalten, die ihm helfen, sich zu entspannen und die Kontrolle über seine Gefühle nicht zu verlieren.

Sie sind hartnäckig und in der Lage, ihre Familie oder ihre Arbeit über ihre eigenen Wünsche und Bedürfnisse zu stellen.

Sie sind großartige Organisatoren und haben in der Regel irgendeine Art von wirtschaftlichem Ehrgeiz, und da sie in der Lage sind, ein Ziel zu verfolgen, verwirklichen sie es oft. ist in allem, was er tut, geheimnisvoll.

Er zieht Qualität der Quantität vor und kommt in der Tat mit sehr wenig aus.

Er hat kein Problem damit, Verpflichtungen einzugehen, sowohl im Privat- als auch im Berufsleben, aber er kann nicht gut mit Misserfolgen umgehen. Wenn er jedoch erkennt, dass er eine radikale Entscheidung treffen muss, um an der Spitze zu bleiben, hat er keine Angst, Risiken einzugehen und objektive und konkrete Maßnahmen zu ergreifen.

Er engagiert sich sehr für seine Arbeit und weiß sich selbst zu schätzen. Er ist ein hervorragender Verhandlungspartner und verkauft seine Fähigkeiten nicht an irgendwen.

Er engagiert sich für die Projekte, an denen er beteiligt ist, er will etwas erreichen und verfügt über die intellektuellen Fähigkeiten, hervorragende Arbeit zu leisten. Und er lässt sich dafür bezahlen.

Steinböcke gehen Beziehungen mit Ernsthaftigkeit und Aufrichtigkeit an. Sie sind im Allgemeinen zuverlässige, engagierte und engagierte Menschen.

In der Liebe ist der Steinbock vorsichtig, er fürchtet denjenigen, der sich ihm nähert, sehnt sich aber nach einer treuen und beständigen Person, denn er will nicht verlieren, was er erobert hat.

Allgemeines Steinbock-Horoskop

Pluto ist fast fertig mit dir, denn 2024 ist das letzte Jahr, in dem er in deinem Zeichen ist. Pluto ist seit fast zehn Jahren in deinem Zeichen, und während dieser Zeit hast du die Kontrolle über dein Leben übernommen.

In diesem Jahr werden Sie sich weiterhin in Selbstbeherrschung üben, Sie werden viel Energie haben, um neue Projekte in Angriff zu nehmen, und viele Gelegenheiten werden sich Ihnen bieten.

Dies ist ein gutes Jahr, um Ihr Selbstvertrauen zu stärken.

In Zeiten des rückläufigen Merkurs werden Sie sich unsicher fühlen und denken, dass Ihnen die nötigen Ressourcen fehlen. Dies können viele Unsicherheiten für Sie schaffen.

In Zeiten von Vollmonden in deinem Zeichen werden diese Unsicherheiten und alten Probleme dein

Selbstvertrauen und deine Fähigkeit, kreativ zu sein, untergraben. Konzentrieren Sie sich und arbeiten Sie daran, sich so gut es geht zu verbessern.

Das Jahr endet mit einem Neumond in Ihrem Zeichen, so dass Sie das Jahr mit mehr Energie für Ihre Ziele im Jahr 2025 beenden. Du hast viel Enthusiasmus, um neue Möglichkeiten zu verfolgen.

Von allen Tierkreiszeichen wird Ihr Zeichen im Jahr 2024 am stärksten von den Mondereignissen betroffen sein. Dies ist ein großartiges Jahr für Sie, das Ihnen wichtige Abschlüsse und vielversprechende Anfänge bescheren kann.

Das Jahr 2024 wird ein Jahr des Segens für den Steinbock sein, denn es werden sich viele Gelegenheiten bieten, aber auch Herausforderungen in Ihrem Liebesleben. Einige Probleme werden in Ihrem persönlichen Leben im Zusammenhang mit Ihrem Partner auftauchen. Heiratsanträge werden in der Mitte des Jahres für Singles kommen.

Gute Kommunikation und Vertrauen werden Ihnen helfen, gesündere Beziehungen aufzubauen. Liebe und Freude werden in Ihren Beziehungen im Überfluss vorhanden sein. Gelegentlich könnte es einige Hindernisse von Familie und Freunden geben, also bleiben Sie stark.

Sie sollten versuchen, ein Gleichgewicht zwischen Ihrem Berufs- und Privatleben zu finden.

Finanziell sieht es gut aus, aber Sie müssen ein wenig sparen. Sie werden alle Hände voll zu tun haben mit beruflichen Verpflichtungen, die Sie körperlich und geistig erschöpfen werden. Sie werden geistig erschöpft und gestresst sein. Sie sollten Ihre angeborene Starrheit ablegen und eine sensiblere Persönlichkeit annehmen; diese Veränderung kann Ihnen die Möglichkeit geben, wichtige Erfahrungen zu machen. Sie brauchen sich der Welt nicht zu beweisen; Ihre Einstellung wird es zeigen. Deine Talente werden dich zum Erfolg führen. Machen Sie kleine Schritte, und mit dem Glück auf Ihrer Seite wird dies ein großartiges Jahr für Ihre Finanzen.

Sie werden gute Beziehungen zu Ihrer Familie und Ihren Freunden haben. Vertrauen Sie Ihren Lieben und teilen Sie mit ihnen.

Einige gesundheitliche Probleme können Ihre Stimmung beeinträchtigen, weil Sie sich manchmal erschöpft fühlen. Sie können unter Gelenkschmerzen und Nervenzusammenbrüchen aufgrund eines anstrengenden Arbeitsprogramms leiden. Es ist ratsam, auf Symptome zu achten und ärztliche Hilfe in Anspruch zu nehmen, bevor sich die Probleme verschlimmern. Ein gesunder Körper und Geist sollten das Ziel Ihres Lebens sein. Versuchen Sie, einen gesunden Lebensstil beizubehalten und gesunde Ernährungsgewohnheiten zusammen mit Änderungen des Lebensstils einzuführen. Eliminieren Sie Stress aus Ihrem Leben.

Liebe

Kommunikationsfragen sind in diesem Jahr am wichtigsten. Sie werden ernste, schwierige Gespräche mit Ihrem Partner führen. Versuchen Sie, verständnisvoll und mitfühlend zu sein.

Während der rückläufigen Phase des Merkurs werden Sie einige Dramen und Missverständnisse erleben. Seien Sie sehr geduldig, es ist wichtig, ruhig zu bleiben.

Vertrauensprobleme können Ihre Beziehung zerstören, wenn Sie ein Paar sind, und Misstrauen kann zu einer Trennung führen. Sie müssen geduldig sein und mit den Füßen auf dem Boden bleiben.

Sex wird im Leben von Singles an der Tagesordnung sein. Sie sollten versuchen, mit ihren Partnern auch auf einer emotionalen Ebene eine Verbindung aufzubauen.

Uranus wird sich das ganze Jahr über in Ihrem Liebesbereich aufhalten und unvorhergesehene Veränderungen in Ihren Beziehungen herbeiführen; wenn Sie Single sind, werden Sie viele Verehrer haben.

In Vollmondperioden werden Sie die Liebe ernster nehmen, und Sie werden denjenigen näher kommen, zu denen Sie eine enge Beziehung haben.

In Neumondperioden können Sie neue Verpflichtungen eingehen oder neue Beziehungen beginnen.

Wirtschaft

Steinbock, dieses Jahr haben Sie zahlreiche Gelegenheiten, Ihr Talent bei der Arbeit unter Beweis zu stellen. Sie werden die Gabe haben, sehr leicht Lösungen für Hindernisse zu finden.

Eine selbstbewusste Kommunikation mit Ihren Kollegen und Ihren Vorgesetzten bringt Sie auf die Erfolgsspur. Deshalb müssen Sie Ihre Kommunikationsfähigkeiten verbessern. Je größer Ihre finanziellen Ziele sind, desto mehr Risiken müssen Sie in diesem Jahr eingehen. Alles aufs Spiel zu setzen, ist der einzige Weg zum Erfolg.

Pluto wird im Laufe des Jahres 2024 Ihre Geld Zone durchqueren und Verhaltensmuster zerstören. Er wird Sie veranlassen, bei null anzufangen, wenn Sie sich unsicher und instabil fühlen, kein Selbstwertgefühl haben und nicht wissen, was Sie wert sind. Das bedeutet, dass Ihnen Geld oder materielle Ressourcen weggenommen werden könnten, um Sie zum Lernen zu zwingen.

Wenn Sie eine selbstbewusste, stabile Person sind, kann dies ein Jahr der Ermächtigung sein, dass Ihnen mehr Kontrolle bringt, und Sie werden in der Lage sein, mehr Wohlstand in Ihrem Leben zu schaffen.

In Neumondzeiten sollten Sie sich auf die Suche nach finanziellen Möglichkeiten konzentrieren und daran denken, Ihre Ressourcen gut zu nutzen.

Während der Vollmondphasen können Sie Ihre finanziellen Pläne organisieren und Entscheidungen treffen sowie finanzielle Blockaden beseitigen.

In diesem Jahr können Sie die Art und Weise, wie Sie Geld verdienen, verbessern, um mehr zu verdienen, und Sie können viel einfallsreicher mit dem umgehen, was Sie bereits haben. Sie können mehr Fülle und Möglichkeiten für mehr wirtschaftlichen Erfolg schaffen.

Jupiter bringt neue Arbeitsmöglichkeiten in Ihr Leben, Sie erhalten Jobangebote oder Sie beginnen neue Arbeitsprojekte. Wenn Sie nicht mögen, was Sie tun, könnte dies das Jahr sein, in dem Sie sich einen anderen Job oder Beruf suchen.

Am 25. März findet eine Mondfinsternis in Ihrem beruflichen Bereich statt. Dies ist die Zeit, in der Sie etwas Wichtiges erreichen und Anerkennung erhalten, wenn Sie die Dinge auf die richtige Weise und aus den richtigen Gründen getan haben. Wenn nicht, kann es zu Rückschlägen und Verzögerungen kommen, und du musst deine Pläne neu bewerten.

Am 2. Oktober erinnert Sie eine Sonnenfinsternis in Ihrem beruflichen Umfeld daran, dass es an der Zeit ist, neue Aufgaben zu übernehmen. Diese

Sonnenfinsternis wird dir auch neue Möglichkeiten bringen.

Steinbock Gesundheit

Das Jahr 2024 präsentiert sich nicht als ein Jahr mit vielen Komplikationen. Ein schlecht kanalisiertes Stressniveau kann Ihnen Beschwerden wie Depressionen und Schlaflosigkeit bescheren.

Ihr wichtigster Störfaktor ist Ihre Ernährung. Sie müssen auf Ihre Abwehrkräfte achten, versuchen, sich ständig zu bewegen und auf Ihre Ernährung zu achten. Begrenzen Sie die Anzahl der scharfen Speisen und trinken Sie mehr Wasser.

Sie sollten zu Ihren Routineuntersuchungen gehen, den Zahnarzt aufsuchen und Ihren Cholesterinspiegel kontrollieren.

Sie müssen ihre emotionalen Probleme aufarbeiten. Eine gute Möglichkeit ist es, komplexe Themen mit einem Psychologen oder Therapeuten zu besprechen.

Am Ende des Jahres werden Sie von Ihrem Aussehen besessen sein und Ihr Image ändern wollen. Versuchen Sie, sich keine Sorgen zu machen, denn es ist Ihr Herz, das leidet.

Pflegen Sie Ihre Knochen und Ihre Haut, und vergessen Sie nicht, dass Ihr Rücken etwas empfindlich ist und Sie Ihre Muskeln stärken müssen.

Familie

Dies ist ein gutes Jahr, um wesentliche Veränderungen in Ihrem Haus vorzunehmen, zu renovieren, neu zu dekorieren oder umzugestalten, oder um an einen Ort zurückzukehren, an dem Sie schon einmal gelebt haben.

Es ist das Jahr, in dem Sie die Karten auf den Tisch legen und die Grenzen Ihrer Familie abstecken müssen, was nicht bedeutet, dass Sie sich auf Konflikte einlassen sollten, sondern im Gegenteil, andere müssen Ihre Prioritäten verstehen.

2024 wird ein Jahr sein, in dem die familiären Bindungen gefestigt werden.

In Zeiten des rückläufigen Merkurs werden bestehende Probleme in Ihrem Haus und Ihrer Familie ans Licht kommen. Es wird zu kleinen Konflikten in Ihrem Haus kommen, Sie werden sich zu Hause nicht wohlfühlen. Die Familie wird mehr von Ihnen verlangen, und das kann Sie emotional zermürben.

Sonnenfinsternisse helfen Ihnen, sich auf Ihr Zuhause zu konzentrieren und Ihre Familienbande zu stärken.

Vollmondperioden in Ihrem Bereich von Heim und Familie bringen Familiengeheimnisse ans Licht. Wenn Sie diese aufklären, werden Sie sich emotional geborgener fühlen. Du solltest die Vollmonde nutzen, um Projekte in deinem Haus abzuschließen.

Wichtige Termine für Steinböcke

01/ 04- Mars tritt in den Steinbock ein.

01/11- Neumond in Steinbock

14.01. - Merkur tritt in den Steinbock ein.

20.01. Sonne konjunktionaler Pluto in Steinbock

23.01. Venus tritt in den Steinbock ein.

22.06. Vollmond in Steinbock

06/ 29- Saturn rückläufig in den Fischen

09/01- Pluto tritt in den Steinbock ein.

10/12- Pluto direkt in Steinbock

11/ 11- Venus direkt in Steinbock

11/ 15- Saturn direkt in den Fischen

12/ 21- Sonne tritt in Steinbock ein

Monatliche Horoskope für Steinbock 2024

Januar 2024

Man muss sich selbst ein wenig mehr vertrauen und in allem mehr Eigeninitiative zeigen. Manchmal kommt man durcheinander, und etwas, das man mit viel Enthusiasmus begonnen hat, gibt man unüberlegt auf. Bleiben Sie diesen Monat zuversichtlich und strahlen Sie gute Energie aus, damit Sie Ihre Neujahrsvorsätze verwirklichen können. Zweifeln Sie nie an Ihrer Fähigkeit, Fortschritte zu machen.

Vielleicht sind Sie bereits in eine Beziehung verwickelt oder hoffen, eine zu haben. Im letzteren Fall werden Sie nicht lange ohne einen Partner sein, denn ab diesem Monat wird die Romantik für Sie zur Priorität.

Wenn Sie einen Partner haben, sollten Sie Vorwürfe vermeiden, denn sie können gegen Sie gerichtet werden. Üben Sie Fairness gegenüber Ihrem Partner.

Sie sollten das Geschäft nicht fortsetzen, wenn es keine rechtlichen Dokumente gibt. Die Planeten deuten darauf hin, dass viel auf dem Spiel steht und dass Ihre Investition die Unterstützung eines unterzeichneten Vertrags verdient.

Es ist unrealistisch, anzunehmen, dass Sie mit einer einzigen Behandlung so viele Pfunde verlieren werden. Sie müssen Ihren Körper an die neue Ernährung gewöhnen.

Glückszahlen
10 - 11 - 24 - 32 - 34

Februar 2024

Vernachlässigen Sie in diesem Monat nicht Ihre Gesundheit, achten Sie auf Ihr Körpergewicht, fahren Sie also mit Ihrer Diät fort. Das kann Ihnen Konsequenzen bringen, nicht jetzt, aber in der Zukunft. Achten Sie darauf, was Sie essen und was Sie trinken. Wenn Sie sich krank fühlen, ist es gut, einen Arzt aufzusuchen, warten Sie nicht, bis es schlimmer wird.

Ob Sie einen Partner haben oder nicht, vergessen Sie diesen Monat starke Gefühle.

Du warst in einem Stimmungstief und das hat deine Energie geschwächt. Du wirst wahrscheinlich Kopf- oder Schulterschmerzen bekommen, denn dort landen die ganzen Spannungen.

Es scheint, als ob Sie beim Geld einen Rückwärtsgang einlegen, bestimmte Hindernisse stehen Ihnen im Weg und Sie fallen zurück. Verzweifeln Sie nicht, denn das ist nur vorübergehend.

Wenn Sie ein Bankdarlehen benötigen, organisieren Sie sich und nehmen Sie es in Anspruch.

Sie müssen die Episoden von Stress, die in diesem Monat aufgrund einer Situation ein wenig wolkig entstehen wird zu kontrollieren. Achten Sie auf Ihren

Magen, werden die Nerven gehen, um dort zu bleiben. Rest so viel wie möglich.

Glückszahlen

5 - 11 - 24 - 33 - 34

März 2024

Die Planeten werden auf deiner Seite sein, um persönlich und beruflich voranzukommen. Du musst dramatischen und giftigen Situationen, die nicht zu dir beitragen, ein Ende setzen, dafür musst du dich von einigen Menschen lösen. Wenn Sie das tun, wird alles besser fließen.

Hüten Sie sich vor Übertreibungen und vor Dingen, die später Ihren Magen belasten.

Es gibt viele Emotionen, die du in dir trägst und die du nicht gelöst hast. All das wird in diesem Monat zum Vorschein kommen und es wird ein Drama sein.

Wenn Sie einen Partner haben, sollten Sie vorsichtig sein mit unnötiger Eifersucht und giftigen Situationen. Kommunikation ist wichtig, man sollte seine Gefühle nicht verbergen, um nicht verletzlich zu wirken.

Der kommende Monat ist eine Zeit harter Arbeit, aber auch von Stress, vielen Plänen und geistiger Erschöpfung.

Auch wenn die Dinge kompliziert erscheinen, machen Sie sich keine Sorgen, es wird nicht ernst sein.

In Zukunft werden sich in Ihrem Leben Gelegenheiten ergeben, die Sie nutzen können, wenn Sie darauf vorbereitet sind, also müssen Sie vorbereitet sein.

Glückszahlen
12 - 15 - 22 - 28 - 34

April 2024

Nehmen Sie in diesem Monat keine Ratschläge an, die Ihnen gegeben werden. Wenn Ihnen jemand sagt, dass Sie etwas nicht tun sollen, was Sie aber unbedingt tun müssen, analysieren Sie die Situation genau.

Liebe ist wichtig, aber wahrscheinlich ist es für dich noch nicht an der Zeit zu lieben. Vielleicht denkst du, dass es für dich keine Möglichkeiten gibt, aber das ist nur in deinem Kopf. Du musst anfangen, deine Augen zu öffnen.

Nach 10 Uhr werden Sie sich unruhig fühlen. Versuchen Sie, etwas zu tun, um zur Ruhe zu kommen und Ihren Geist zu beruhigen.

Du erzählst nicht gerne, was mit dir passiert, weil du nicht willst, dass sie sich Sorgen um dich machen. Sie sind der Eckpfeiler Ihrer Familie, und Sie wollen sie nicht im Stich lassen. Aber,

Am Ende des Monats sollten Sie sich von giftigen Personen in Ihrem Liebesleben befreien. Wenn Sie sich für eine Reise entscheiden, ist es besser, vorher Ihre beruflichen Angelegenheiten in Ordnung zu bringen.

Oft ist Einsamkeit gut, denn sie lehrt uns etwas über das Leben, über die Fehler und Erfolge, die wir gemacht haben. Es ist wichtig, dass Sie Ihre Finanzen ordnen, das brauchen Sie, um wieder auf Kurs zu kommen.

Wahrscheinlich wird Ihnen jemand eine Möglichkeit anbieten, die Ihnen viele Vorteile und zusätzliches Geld bringen könnte.

Glückszahlen
5 - 20 - 23 - 28 - 29

Mai 2024

Beginnen Sie, die Liebe intensiver zu leben, ist es wahrscheinlich, dass Sie den Wunsch verlieren, mit Ihrem Partner zusammen zu sein. In einem Moment der Schwäche könnten Sie in Versuchung geraten, mit einem anderen zusammen zu sein. Denken Sie daran, dass diese falschen Handlungen Konsequenzen haben.

Wenn Sie für eine Prüfung lernen müssen, verschwenden Sie keine Zeit und beginnen Sie noch in diesem Monat.

Achten Sie besser auf Ihren Körper und treiben Sie Sport.

Wenn Sie Pläne für eine Reise haben, ist es vielleicht an der Zeit, diese zu ändern, denn Sie könnten eine Verabredung mit jemandem haben, an dem Sie sehr interessiert sind, es wird keine sichere Sache sein und es wird nicht lange dauern, aber zumindest wird es eine gute Zeit sein und Sie sollten sie genießen. Auf jeden Fall ist es nicht an der Zeit, sich in einer Beziehung zu binden.

Am Ende des Monats, werden Sie das Gefühl, widersprüchliche Energien, müssen Sie sehr vorsichtig sein mit Angelegenheiten des Herzens, können Sie tun, was Sie wollen, aber dann nicht bereuen es.

Wenn dich jemand stört, konfrontiere ihn nicht, sondern meide ihn einfach. Man lässt sie am besten beiseite, egal wie gut sie gewesen sind.

Glückszahlen
3 - 12 - 19 - 33 - 35

Juni 2024

In diesem Monat wirst du wegen vieler Dinge, die passiert sind, empfindlich sein, denke daran, dass alles vorübergeht. Du solltest mehr Kommunikation mit deinen Verwandten haben. Sie haben viele Verantwortlichkeiten, die Sie vielleicht teilen müssen.

Wenn Sie sich in diesem Monat gut organisieren, können Sie viel mehr Dinge erledigen, die Sie noch vor sich haben.

Wenn Sie auf die Idee kommen, in etwas zu investieren, dann haben Sie gerade erst angefangen. Ihre Entschlossenheit wird sich auszahlen.

Wenn Sie alleinstehend sind, werden Sie eine besondere Person treffen, mit der Sie sich sehr identifizieren werden, seien Sie nicht überwältigt, wenn die Dinge langsam sind. Was für Sie bestimmt ist, wird sein, versuchen Sie, die Gegenwart in vollen Zügen zu genießen.

Wenn Sie einen Partner haben, werden die Bindungen in diesem Monat gestärkt. Ihre Verbindung zu dieser Person wird tief sein und Ihre Gefühle werden aufrichtig sein.

Wenn Sie eine Diät begonnen haben, halten Sie sie bis zum Ende durch, Disziplin ist der Schlüssel zu allem.

Sie sollten nicht an Methoden und Systemen festhalten, wenn Sie etwas ändern müssen, tun Sie es. Legen Sie sich nicht auf einen einzigen Weg fest, Sie müssen andere Techniken und Strategien ausprobieren.

Glückszahlen
1 - 11 - 14 - 26 - 35

Juli 2024

Wenn Sie keinen Partner haben, sind Sie wahrscheinlich einer Person begegnet, die nicht Ihren Erwartungen entspricht, und Sie sind enttäuscht. Das ist Ihr Fehler, denn niemand ist perfekt. Denken Sie daran, dass die Liebe auf den Tugenden und Fehlern der Person beruht, die Sie lieben.

Sie müssen in Technologie investieren, sonst werden Sie abgehängt. Tun Sie es, denn Sie haben viel zu bieten, von Ihren Produkten bis zu Ihren Dienstleistungen.

Dank Ihrer persönlichen Ausstrahlung gibt es in diesem Monat jemanden, der bereit ist, Ihre Entscheidungen zu verteidigen, egal wie schlecht sie auch sein mögen, und der Ihnen helfen wird.

Die Erinnerung ist keine Ausrede, um die Hoffnung aufzugeben, im Gegenteil: Dank ihr können Sie sie nähren. Der Wunsch, sich mit alten Lieben wieder zu verbinden, wird Sie zum Leben inspirieren. Haben Sie keine Angst vor Erinnerungen, für jede düstere Erinnerung gibt es Millionen von glücklichen Erinnerungen.

Wenn Sie am Ende des Monats von jemandem zu einem Geschäftsabschluss gedrängt werden, fragen Sie sich, warum, Sie sollten nichts tun, was Ihnen Unbehagen bereitet.

Die Dinge werden besser, Capricorn, aber du musst dich immer noch anstrengen. Geben Sie nicht auf, jetzt wo Sie kurz davor sind.

Glückszahlen
1 - 7 - 15 - 18 - 20

August 2024

In diesem Monat wird es große Momente geben, aber auch beunruhigende Situationen. Es wird kein ruhiger Monat sein. Es werden viele Dinge passieren, die dich auf verschiedene Weise beeinflussen werden, du musst geduldig sein. Du bist ungeduldig, um Lösungen für wirtschaftliche Probleme zu finden. In diesem Monat musst du analysieren und nachdenken. Die Planeten raten Ihnen, keine übereilten Entscheidungen in Bezug auf die Finanzen zu treffen.

In der Liebe werden Sie, wenn Sie frei sind, einen sensationellen Monat erleben, denn jemand wird Sie dazu bringen, Ihre Illusionen wiederzuerlangen, und mit dieser Person werden Sie eine stabile Beziehung eingehen.

Sie müssen sich Ihrer Reaktionen bewusst sein, denn Sie könnten die Kontrolle über Ihre Arbeit verlieren und aggressiv werden.

Du hast die List, dich aus Schwierigkeiten zu befreien, und die Sterne schützen dich, aber es ist besser, sie zu vermeiden.

Im Geschäftsleben wird es ein positiver Monat sein, weil Sie die gewünschten Änderungen vornehmen können und viel Geld verdienen werden.

Achten Sie auf die Emotionalität und das Einfühlungsvermögen, die Sie besitzen, denn Sie werden die Dramen anderer Menschen als Ihre eigenen erleben, und das wird Ihnen Energie rauben.

Glückszahlen

1 - 9 - 11 - 17 - 25

September 2024

Dies ist ein sehr günstiger Monat für Sie, um darüber nachzudenken, wie Sie auf bestimmte Ereignisse reagieren.

Es ist wichtig, dass Sie diesen Aspekt vertiefen, denn davon hängt es ab, dass bestimmte Probleme günstig gelöst werden.

Wenn Sie unternehmerisch tätig sind, können Sie beim Kauf von elektronischen Geräten vor einigen Herausforderungen stehen. Prüfen Sie die Geräte sowie die Kauf- und Verkaufsverträge.

Die schönsten Momente werden Sie im Kreise Ihrer Familie, Ihres Partners und Ihrer Freunde verbringen, die Ihnen das Gefühl geben, geliebt zu werden.

Ihr Blutdruck wird ansteigen, kein Grund zur Sorge, aber eine Warnung, besser auf Ihr Herz zu achten.

Es ist an der Zeit, Ihre Ernährung zu verbessern und einen strengeren Aktivitätsplan zu erstellen. Ihr Herz ist die Achse Ihres Lebens, vernachlässigen Sie es nicht.

Glückszahlen
2 - 17 - 19 - 31 - 34

Oktober 2024

Absprachen werden eingehalten. Der erste, der sie bricht, ist derjenige, der eine Schwäche zeigt, die das Paar bedroht. Aus diesem Grund müssen Sie Ihren Kurs korrigieren, Ihre Schritte zurückverfolgen und Ihr Verhalten ändern.

Sie müssen jeden Menschen nach seinen Taten beurteilen und dürfen nicht verallgemeinern und glauben, dass alle Männer oder Frauen schlecht sind. Mit dieser neuen Person, die in deinem Leben aufgetaucht ist, musst du reinen Tisch machen und neu anfangen. Öffne dein Herz und lass sie in dein Leben.

Das Glück lächelt auf Sie, nach der Mitte des Monats. Das bedeutet, dass Sie eine gute Auffassungsgabe haben werden, um das kleinste Problem, aber auch die Lösung zu erkennen.

Sie werden in der Lage sein, alle Widrigkeiten zu überwinden, auch die finanziellen.

Lassen Sie sich am Ende des Monats nicht von Unsicherheit und Angst überfallen. Vermeiden Sie Streitereien.

Versuchen Sie, dem Unerwarteten mit Humor zu begegnen, geben Sie Ihrem Ego eine Pause. Lassen Sie sich nicht von überflüssigen Dingen beeinflussen.

Sie müssen geistige Klarheit haben. Ihr Gewissen ist Ihr Verbündeter. Hören Sie auf es.

Glückszahlen
2 - 5 - 18 - 26 - 32

November 2024

Ziehen Sie in diesem Monat in Erwägung, sich zurückzuziehen oder an den Strand zu fahren.

Sie können die Schule beenden, einen Abschluss erwerben oder eine Prüfung ablegen, um eine Berufszulassung zu erhalten.

Verändern Sie Ihr Image zum Positiven, Sie legen Ihr Äußeres beiseite, und Sie müssen gut aussehen, um in Ihrem Job etwas zu erreichen.

Wenn du die Möglichkeit hast, jemandem zu sagen, dass du ihn liebst, und es stimmt, dann sag es ihm, denn er hat dich immer unterstützt, du wirst es nicht bereuen.

Vermeiden Sie es, Ihre Mitmenschen aggressiv zu behandeln, insbesondere am Arbeitsplatz.

Am Ende des Monats werden Sie eine Phase großer Kälte gegenüber Ihrem Partner erleben, weil er sich immer wieder über Ihre mangelnde Aufmerksamkeit beschwert hat. Sie wollen Ihr Verhalten nicht ändern, und Sie lassen jemanden, der Sie liebt, unnötig leiden.

Ein friedliches Universum bringt Ihnen einen Ozean von Mut, sich einer bestehenden Schuld zu stellen, sowie die Fähigkeit zu verhandeln.

Glückszahlen

8 - 9 - 22 - 25 - 31

Dezember 2024

In diesem Monat wird Ihr Charakter schwanken, und Sie werden mit negativen Situationen konfrontiert werden, machen Sie sich keine Sorgen vor der Zeit. Du wirst Energie haben, um deine Sorgen loszuwerden. Wenn Sie wichtige Entscheidungen über 2025 zu treffen haben, ist dieser Monat der richtige Zeitpunkt. Du besitzt die analytische Fähigkeit, genau zu bestimmen, was du willst, und du kannst den Weg dorthin skizzieren.

Am Ende des Monats werden Sie eine Zeit der Zweifel an der Liebe durchleben. Sie haben eine Beziehung aus Ihrer Vergangenheit idealisiert, Sie müssen realistisch sein, Sie laufen Gefahr, eine echte Liebe gegen eine zu tauschen, die in Ihrer Vorstellung perfekt ist, aber Sie haben sie nicht einmal in Reichweite.

Sie müssen geduldig sein, denn alle Situationen, die Sie beunruhigen, einschließlich der Arbeitssituationen, werden gelöst werden, ohne dass Sie sich darum bemühen müssen.

Es beginnt eine Phase, in der sich viele Veränderungen in Ihrem Leben vollziehen werden. Das bedeutet nicht, dass die Veränderungen von heute auf morgen eintreten, Sie werden noch eine Weile warten müssen.

Setzen Sie sich nicht Situationen aus, die Ihren Stress erhöhen. Vermeiden Sie Kaffee und Salz und machen Sie Atemübungen.

Glückszahlen
1 - 14 - 27 - 30 - 31

Die Tarotkarten, eine rätselhafte und psychologische Welt.

Das Wort Tarot bedeutet "Königsweg", es ist eine jahrtausendealte Praxis, es ist nicht genau bekannt, wer das Kartenspiel im Allgemeinen und das Tarot im Besonderen erfunden hat; es gibt die unterschiedlichsten Hypothesen in diesem Sinne.

Manche sagen, dass sie in Atlantis oder Ägypten entstanden sind, andere wiederum glauben, dass die Tarots aus China oder Indien, aus dem alten Land der Zigeuner oder durch die Katharer nach Europa gekommen sind. Tatsache ist, dass Tarotkarten astrologische, alchemistische, esoterische und religiöse Symbolik, sowohl christliche als auch heidnische, in sich vereinen.

Wenn man bis vor kurzem das Wort "Tarot" erwähnte, stellten sich manche Leute einen Zigeuner vor, der in einem von Mystik umgebenen Raum vor einer Kristallkugel sitzt, oder sie dachten an schwarze Magie oder Hexerei, aber das hat sich heute geändert.

Diese uralte Technik hat sich der neuen Zeit angepasst, sie hat sich mit der Technologie verbunden, und viele junge Menschen interessieren sich sehr dafür.

Junge Menschen haben sich von der Religion abgekapselt, weil sie glauben, dass sie dort nicht die Lösung für ihre Bedürfnisse finden, sie haben die Dualität der Religion erkannt, etwas, das bei der Spiritualität nicht der Fall ist. Überall in den sozialen Netzwerken findet man Konten, die dem Studium und den Tarot-Lesungen gewidmet sind, da alles, was mit Esoterik zu tun hat, in Mode ist, in der Tat werden einige hierarchische Entscheidungen unter Berücksichtigung des Tarots oder der Astrologie getroffen.

Bemerkenswert ist, dass die Vorhersagen, die normalerweise mit dem Tarot zu tun haben, nicht die gefragtesten sind, sondern die, die mit Selbsterkenntnis und spiritueller Beratung zu tun haben, am meisten nachgefragt werden.

Das Tarot ist ein Orakel, durch seine Zeichnungen und Farben stimulieren wir unsere psychische Sphäre, den innersten Teil, der über das Natürliche hinausgeht. Viele Menschen wenden sich an das Tarot als spirituelle oder psychologische

Führer, weil wir in unsicheren Zeiten leben, und dies drängt uns, Antworten in der Spiritualität zu suchen.

Es ist ein so mächtiges Werkzeug, das Ihnen konkret sagt, was in Ihrem Unterbewusstsein vor sich geht, so dass Sie es durch die Linse einer neuen Weisheit wahrnehmen können.

Carl Gustav Jung, der berühmte Psychologe, verwendete die Symbole der Tarotkarten in seinen psychologischen Studien. Er schuf die Theorie der Archetypen, in der er eine umfangreiche Summe von Bildern entdeckte, die in der analytischen Psychologie helfen.

Die Verwendung von Zeichnungen und Symbolen, die an ein tieferes Verständnis appellieren, wird in der Psychoanalyse häufig eingesetzt. Diese Allegorien sind ein Teil von uns und entsprechen den Symbolen unseres Unterbewusstseins und unseres Geistes.

Unser Unbewusstes hat dunkle Bereiche, und wenn wir visuelle Techniken verwenden, können wir verschiedene Teile davon erreichen und Elemente unserer Persönlichkeit enthüllen, die wir nicht kennen. Wenn Sie diese Botschaften durch die bildhafte Sprache des Tarots entschlüsseln können, können Sie wählen, welche Entscheidungen Sie im Leben treffen, um das Schicksal zu erschaffen, das Sie wirklich wollen.

Das Tarot mit seinen Symbolen lehrt uns, dass ein anderes Universum existiert, vor allem in der heutigen Zeit, in der alles so chaotisch ist und für alles eine logische Erklärung gesucht wird.

Die Liebenden, Tarotkarte für Steinbock 2024

Diese Tarotkarte symbolisiert den Beginn einer Beziehung oder die Vertiefung der Bindung zwischen zwei Menschen.

Weist auf eine wichtige Entscheidung hin, die Sie zu treffen haben. Ein Dilemma, das sich Ihnen aufdrängt und Sie vor eine Entscheidung stellt.

Ein Ereignis wird Ihre Pläne ändern, etwas, das auf den ersten Blick negativ erscheinen mag, sich aber später als Segen herausstellt.

Es wird sich eine interessante Gelegenheit ergeben, Prüfungen oder Geschäfte werden sich gut entwickeln, Sie werden interessante Begegnungen haben, die neue Möglichkeiten schaffen werden. Du musst vorsichtig sein, denn die Liebe kann dein Herz und deinen logischen Verstand beherrschen.

Wenn Ihr Herz Ihnen zuruft, dass Sie Ihren Weg ändern sollen, vertrauen Sie Ihrem Instinkt.

Denken Sie bei Ihren Handlungen nicht nur an sich selbst, sondern immer auch an die anderen Beteiligten. Du musst das tun, was für alle das Beste ist.

Die Liebe sollte Ihr Kompass sein, und denken Sie daran, dass die schlechteste Entscheidung, die ist, die Sie nicht treffen.

Diese Tarotkarte zeigt die Ankunft von Geburten oder Ehen an, sie symbolisiert die Notwendigkeit, eine wichtige Entscheidung zu treffen.

Runen des Jahres 2024

Runen sind eine Reihe von Symbolen, die ein Alphabet bilden. "Rune" bedeutet Geheimnis und symbolisiert das Geräusch, wenn ein Stein auf einen anderen trifft. Runen sind eine uralte visionäre und magische Methode.

Runen dienen nicht für exakte Vorhersagen, aber sie dienen dazu, Sie über ein zukünftiges Ereignis, ein Thema oder eine Entscheidung zu informieren.

Die Runen haben eine bestimmte Bedeutung für die Person, die es will, sondern auch einige Botschaft im Zusammenhang mit den Widrigkeiten, die im Leben entstehen.

Wunjo, Rune des Steinbocks 2024

Es ist an der Zeit, dass Sie die Ernte einfahren. Verstehen und Wissen werden Ihre besten Verbündeten sein.

Die geistige Klarheit könnte Sie dazu bringen, einige Pläne zu ändern.
Diese Rune symbolisiert Freude und Glück. Sie ist ein ausgezeichnetes Omen; sie symbolisiert, dass du Erfolg haben wirst. Es ist an der Zeit, die Früchte der Anstrengungen zu ernten, die du gemacht hast.

Es erinnert Sie an die geistige Arbeit, die Sie leisten müssen, um Ihre Ziele zu erreichen, und beinhaltet daher sowohl persönliche Erfüllung als auch die Erfüllung Ihrer Träume.

Wunjo bringt Ihnen emotionales und psychisches Wohlbefinden und viele positive Energien.

Er sagt Gehaltserhöhungen, Zusatzverdienste oder Glück im Glücksspiel voraus.

Er steht für Freude an der beruflichen Arbeit, besonders wenn es sich um künstlerische oder kreative Arbeit handelt.

Sie wird als die Rune des Sieges definiert, die nach der Überwindung von Herausforderungen oder Hindernissen erlangt wird. Sie impliziert persönliche Erfüllung und Erfüllung der Träume nach einer Periode des inneren Wachstums bis zum Erreichen der Spitze.

Um dieses Maß an Zufriedenheit und Erfolg zu erreichen, muss man jedoch einen harten Weg zurücklegen und riskante oder sehr verantwortungsvolle Aktionen durchführen.

Es zeigt an, dass Sie Ihre Ziele bereits erreicht haben, so dass Sie sich entspannen und die Früchte des Erfolgs und das daraus resultierende Glück genießen sollten, ohne Ihre Konzentration zu verlieren.

Glückliche Farben

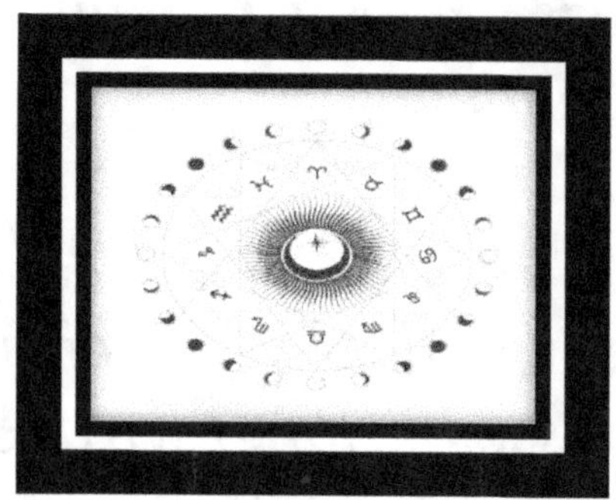

Farben haben eine psychologische Wirkung auf uns; sie beeinflussen unsere Wertschätzung von Dingen, unsere Meinung über etwas oder jemanden und können dazu dienen, unsere Entscheidungen zu beeinflussen.

Die Traditionen zur Begrüßung des neuen Jahres variieren von Land zu Land, und in der Nacht zum 31. Dezember ziehen wir Bilanz über all die positiven und negativen Dinge, die wir im zu Ende gehenden Jahr erlebt haben. Wir beginnen zu überlegen, was wir tun können, um unser Glück im neuen Jahr zu verbessern.

Es gibt mehrere Möglichkeiten, positive Energien zu uns zu ziehen, wenn wir das neue Jahr empfangen, und eine davon ist, Accessoires in einer bestimmten Farbe zu tragen, die das anzieht, was wir uns für das neue Jahr wünschen.

Farben haben energetische Ladungen, die unser Leben beeinflussen, daher ist es immer ratsam, das

Jahr in einer Farbe zu beginnen, die die Energien dessen anzieht, was wir erreichen wollen.

Dafür gibt es Farben, die mit jedem Sternzeichen positiv schwingen. Die Empfehlung ist also, dass Sie die Kleidung mit dem Farbton tragen, der Sie im Jahr 2024 Wohlstand, Gesundheit und Liebe anziehen lässt. (Diese Farben können auch während des restlichen Jahres für wichtige Anlässe oder zur Verschönerung Ihrer Tage verwendet werden).

Denken Sie daran, dass es zwar üblich ist, rote Unterwäsche für die Leidenschaft, rosa für die Liebe und gelb oder Gold für den Reichtum zu tragen, dass es aber nie zu viel ist, die Farbe in unsere Kleidung aufzunehmen, die unserem Sternzeichen am meisten entspricht.

Steinbock

Magenta (bekannt als Fuchsia, Farbe dieser Blume)

Magentafarbene Schlüsselwörter: *Hingabe, Hilfsbereitschaft, Freundlichkeit, Kreativität, Unabhängigkeit, Toleranz, Würde, Gelassenheit.*

Wenn man sich entmutigt, besorgt, wütend oder frustriert fühlt, holt uns die Farbe Magenta aus diesem Gefühl oder dieser Haltung heraus und lässt unseren Geist hervortreten.

Diese Farbe wird seit Jahrhunderten mit Spiritualität in Verbindung gebracht. Es ist eine Farbe, die mit reiner Liebe verbunden ist.

Die magentafarbene Farbe hilft, die Nebennieren und die Nieren energetisch aufzuladen. Es wirkt als ein Diuretikum.

Es ist eine spirituelle Farbe, aber auch mit praktischen Anspielungen, die mit Mitgefühl, Hilfsbereitschaft und Freundlichkeit verbunden sind.

Magenta steht für die Zweckmäßigkeit des Lebens und ist eine Mischung aus Rot und Blau, die die Leidenschaft von Rot und die Ausgeglichenheit von Blau beinhaltet.

Es ist unbestreitbar, dass die Farbe Magenta mit der Harmonie zwischen dem Emotionalen, dem Geistigen und dem Körperlichen zu tun hat.

Die Schwingungen der Farbe Magenta verstärken die Verbindung mit unserer Lebensaufgabe und Seelenmission. Sie hilft bei der spirituellen Entwicklung und optimiert unsere übersinnlichen Fähigkeiten.

Sie hilft uns, die Hindernisse des Lebens zu überwinden und eine höhere Bewusstseinsebene zu erfahren.

Glücksbringer

Wer besitzt nicht einen Glücksring, eine Kette, die nie abfällt, oder einen Gegenstand, den er für nichts auf der Welt hergeben würde? Wir alle schreiben bestimmten Gegenständen, die uns gehören, eine besondere Kraft zu, und dieser besondere Charakter, den sie für uns annehmen, macht sie zu magischen Gegenständen.

Damit ein Talisman wirken und die Umstände beeinflussen kann, muss sein Träger an ihn glauben, was ihn in ein wunderbares Objekt verwandelt, das in der Lage ist, alles zu erreichen, was von ihm verlangt wird.

In der Regel ist ein Amulett ein Gegenstand, der das Gute besänftigt, um Böses, Unheil, Krankheiten und Hexerei zu verhindern.

Amulette für Glück können Ihnen helfen, ein Jahr 2024 voller Segen in Ihrem Zuhause, bei der Arbeit, mit Ihrer Familie zu haben, Geld und Gesundheit anzuziehen. Damit die Amulette richtig funktionieren, sollten Sie sie nicht an andere verleihen und immer zur Hand haben.

Amulette gab es in allen Kulturen und sie werden aus Elementen der Natur hergestellt, die als Katalysatoren für Energien dienen, die dazu beitragen, menschliche Wünsche zu erfüllen.

Dem Amulett wird die Macht zugesprochen, Übel, Zauber, Krankheiten und Katastrophen abzuwehren oder bösen Wünschen entgegenzuwirken, die durch die Augen anderer hervorgerufen werden.

Amulett für Steinbock

Schwert

Dieses Amulett hält schlechte Energien fern und schützt dich vor deinen Feinden. Es wird gegen Neid und den bösen Blick verwendet, da es eine große Macht hat, um uns vor allem Bösen zu schützen, das neidische Menschen uns wünschen.

Er absorbiert schlechte Energien, und wenn Sie ihn tragen, ist Ihre Gesundheit in guten Händen. Er wehrt nicht nur Negativität ab, sondern soll auch Wohlbefinden und Liebe bringen.

Außerdem schützt er dich vor schwarzer Magie.

Glücksquarz

Wir alle fühlen uns zu Diamanten, Rubinen, Smaragden und Saphiren, also zu Edelsteinen, hingezogen. Halbedelsteine wie Karneol, Tigerauge, weißer Quarz und Lapislazuli werden ebenfalls sehr geschätzt, da sie schon seit Tausenden von Jahren als Schmuck und Machtsymbol verwendet werden.

Was viele nicht wissen, ist, dass sie nicht nur wegen ihrer Schönheit geschätzt wurden: Jede von ihnen hatte eine heilige Bedeutung, und ihre heilende Wirkung war ebenso wichtig wie ihr dekorativer Wert.

Die meisten Menschen kennen die bekanntesten Kristalle wie Amethyst, Malachit und Obsidian, aber heutzutage sind auch neue Kristalle wie Lari mär, Petalit und Phenakit bekannt geworden.

Ein Kristall ist ein fester Körper mit einer geometrisch regelmäßigen Form, Kristalle entstanden bei der Entstehung der Erde und haben sich im Laufe der Veränderungen auf dem Planeten immer weiter gewandelt, Kristalle sind die DNA der Erde, sie sind Miniaturspeicher, die die Entwicklung unseres Planeten über Millionen von Jahren enthalten.

Einige wurden unter außerordentlichem Druck gebogen, andere wuchsen in tief unter der Erde vergrabenen Kammern heran, wieder andere wurden durch Tropfen ins Leben gerufen. Unabhängig von ihrer Form kann ihre kristalline Struktur Energie absorbieren, bewahren, bündeln und abgeben.

Das Herzstück des Kristalls ist das Atom, seine Elektronen und Protonen. Das Atom ist dynamisch und besteht aus einer Reihe von Teilchen, die sich in ständiger Bewegung um das Zentrum drehen, so dass der Kristall, auch wenn er unbeweglich zu sein scheint, eine lebendige Molekülmasse ist, die mit einer bestimmten Frequenz schwingt, und das ist es, was dem Kristall Energie verleiht.

Edelsteine waren früher ein königliches und priesterliches Vorrecht. Die Priester des Judentums trugen eine mit Edelsteinen besetzte Plakette auf der Brust, die weit mehr als ein Emblem zur Kennzeichnung ihrer Funktion war, denn sie übertrug Macht auf den Träger.

Seit der Steinzeit haben die Menschen Steine getragen, da sie eine Schutzfunktion hatten und ihre Träger vor verschiedenen Übeln bewahrten. Die heutigen Kristalle haben dieselbe Kraft, und wir können unseren Schmuck nicht nur nach ihrer äußeren Attraktivität auswählen. Sie in unserer Nähe zu haben, kann unsere Energie steigern (orangefarbener Karneol), den Raum um uns herum reinigen (Bernstein) oder Reichtum anziehen (Citrin).

Bestimmte Kristalle wie Rauchquarz und schwarzer Turmalin können Negativität absorbieren und strahlen eine reine und saubere Energie aus.

Ein schwarzer Turmalin, den man um den Hals trägt, schützt vor elektromagnetischen Ausstrahlungen, auch vor denen von Mobiltelefonen. Ein Citrin zieht nicht nur Reichtum an, sondern hilft auch, ihn zu bewahren, indem man ihn im wohlhabenden Teil des Hauses platziert (hinten links, weit weg von der Eingangstür).

Wenn Sie auf der Suche nach Liebe sind, können Kristalle Ihnen helfen. Stellen Sie einen Rosenquarz in die Beziehungsecke Ihres Hauses (die hintere rechte Ecke, die am weitesten von der Eingangstür entfernt ist), seine Wirkung ist so stark, dass Sie vielleicht einen Amethyst hinzufügen möchten, um die Anziehung auszugleichen.

Du kannst auch Rhodochrosit verwenden, die Liebe wird deinen Weg finden.

Einige Kristalle enthalten Mineralien, die für ihre therapeutischen Eigenschaften bekannt sind. Malachit hat eine hohe Konzentration an Kupfer, und das Tragen eines Malachit-Armbandes ermöglicht es dem Körper, minimale Mengen an Kupfer aufzunehmen.

Lapislazuli lindert Migräne, aber wenn die Kopfschmerzen durch Stress verursacht werden, lindern Amethyst, Bernstein oder Türkis oberhalb der Augenbrauen die Schmerzen.

Quarze und Mineralien sind Juwelen von Mutter Erde. Geben Sie sich die Gelegenheit und verbinden Sie sich mit der Magie, die sie ausstrahlen.

Glücksquarz für Steinbock 2024

Fluorit

Es hilft bei psychischen Instabilitäten und verleiht der Person, die es benutzt, Harmonie.

Sie hilft bei der Versöhnung und ermöglicht es, die hinter den Masken verborgenen Wahrheiten klar zu erkennen.

Es fördert auch das geistige und emotionale Wohlbefinden. Es wird zur Behandlung von Erkältungen, Herpes und Geschwüren verwendet.

Er ist ein Stein mit schützenden Kräften, vor allem auf spiritueller Ebene. Er reinigt die Aura und verhindert Manipulationen.

Es ist bekannt dafür, dass es die intuitiven Fähigkeiten fördert, das Wissen um höhere spirituelle Existenzen verbessert und das spirituelle Erwachen anregt.

Kompatibilität des Steinbocks und der Tierkreiszeichen

Steinbock

Steinbock ist ein Zeichen, das durch die Meeresziege repräsentiert wird, ein Tier, das halb Ziege und halb Fischschwanz ist. Dieses geheimnisvolle Exemplar kann sowohl an Land als auch im Wasser leben und steht für die Fähigkeit des Steinbocks, seine Logik mit seiner Intuition in Einklang zu bringen. Das ehrgeizigste Sternzeichen des Tierkreises weiß diese Fähigkeiten in die Praxis umzusetzen.

Der Steinbock wird von Saturn regiert, dem Planeten, der für Zeit und Einschränkungen zuständig ist. Saturn hat in der Astrologie die Aufgabe, schwierige Lektionen zu erteilen, und dem Steinbock sind diese Leiden nicht fremd.

Der Steinbock hat in seiner Kindheit und Jugend viel zu tun, aber wenn er reifer wird, wird er jünger, optimistischer und fröhlicher. Seine Charakterstärke begleitet ihn immer, und der Steinbock nutzt diese innere Stärke, um Hindernisse zu überwinden und seine langfristigen Ziele zu erreichen. Kurz gesagt, dieses Sternzeichen wird sich durch nichts und niemanden von seinem Erfolg abbringen lassen.

Als kardinales Zeichen ist der Steinbock hervorragend in der Lage, Projekte auf den Weg zu bringen und Führungspositionen einzunehmen, und seine positive Einstellung führt ihn in jedem Beruf zum Erfolg.

Der Steinbock liebt es, mit seinen engsten Freunden zu teilen, und dieses Erdzeichen schätzt die Zeit mit seinem Partner. Der Steinbock genießt es, ein Gefolge mit Gleichgesinnten aufzubauen, und in jedem ernsthaften Steinbock steckt ein sehr schelmischer Charakter.

Da er nicht sehr selbstbewusst ist, wirkt er zunächst etwas traditionell und konservativ, aber die Menschen, die dem Steinbock am nächsten stehen, wissen, dass sich dieser Steinbock in eine echte Nachteule verwandeln und pausenlos feiern kann.

Der Ehrgeiz des Steinbocks spornt die Apathie an, doch wegen seiner unerschütterlichen Zielstrebigkeit hat er auch den Ruf, kalt und gefühllos zu sein. Aus Gewohnheit denkt er normalerweise immer an das große Ganze und hat keine Zeit oder Energie, seine Freunde zu beraten.

Obwohl nicht alle Steinböcke gleich sind, sollte sich der Steinbock daran erinnern, dass nicht alle Erfolge im Leben in einem Lebenslauf stehen können, und dass letztlich Mitgefühl wichtiger ist als jeder Karriereweg. Mitgefühl und Ehrgeiz schließen sich nicht gegenseitig aus, und wenn er diese Aspekte seines Lebens zusammenbringen kann, wird er viel erfüllter sein.

Der Steinbock hat immer einen hohen Status, deshalb fühlt er sich zu Partnern hingezogen, die ehrgeizig sind. Die Menschen, zu denen er sich hingezogen fühlt, sind diejenigen, die berufliche oder kreative Talente haben, oder sogar Humor.

Wenn du mit einem Steinbock eine Beziehung eingehst, solltest du deine besten Eigenschaften hervorheben und deine Fähigkeiten betonen. Der Steinbock wird an dir interessiert sein.

Der Steinbock möchte in seinen romantischen Beziehungen ein solides Fundament schaffen, daher verschwendet er keine Zeit mit belanglosen Beziehungen, er geht nicht von Ast zu Ast, und wenn er Interesse zeigt, bedeutet das, dass er Sie wirklich mag. Am Anfang kann seine Art, sich zu verlieben, recht traditionell sein, er will sein Geld nicht um des Geldes willen ausgeben, bis er Sicherheit hat. Wenn Gefühle entstehen, wird der Steinbock beginnen, sich zu offenbaren, und er wird weniger sparsam sein.

Der Steinbock-Liebhaber geht die Sexualität mit Nachdruck und Hingabe an, die Dinge sind schwarz und weiß, wenn es um Sex geht. Für dieses Zeichen ist es entweder ein Ausdruck von Romantik oder ein zwangloser One-Night-Stand. Wenn keine emotionale Bindung besteht, kann der Sex mit einem Steinbock steril sein, fast wie ein Geschäft mit einem Fremden. Aber wenn er sich mit jemandem austoben will, zu dem er eine emotionale Bindung hat, zeigt er seine innere Monstrosität.

Steinbock, wenn es um Sex geht, ist wettbewerbsfähig, aus diesem Grund wird er Sie bitten, ihm zu sagen, alle Ihre Sexualleben, schämen Sie sich nicht, denn was er will, ist zu konkurrieren oder zu verbessern, dass

Um eine Beziehung mit dem Steinbock aufrechtzuerhalten, muss man sich einfach daran erinnern, dass die Liebe für den Steinbock wie ein Geschäft ist, und auch wenn er nicht wie andere für die Ovationen arbeitet, verlangt er doch Ehrerbietung, besonders von seinem Partner.

Sobald eine Beziehung über die Anfangsphase hinausgeht, beginnt der Steinbock, die Verbindung zu vertiefen. Der Steinbock braucht jemanden, der zuverlässig ist und auch die Rolle des Beraters spielt.

Für dieses Zeichen ist die Arbeit überlebenswichtig und ein produktives Ventil für die inneren, unbewussten Kämpfe. Steinböcke sind immer dankbar für die Gelegenheit, ihre Schwächen ihrem Partner gegenüber zu offenbaren und so nicht nur einen Liebhaber, sondern auch einen Freund zu gewinnen.

Der Steinbock ist für seine Ausdauer bekannt, und in einer Beziehung würde er erwarten, dass die Zugkraft seines Partners, der seinen entspricht oder sie sogar übertrifft. Dieser Wunsch ist nicht nur, ein starker Partner zu sein, sondern eine Lebensqualität aufzubauen und zu erhalten, die der Steinbock schützen kann.

Nichts ist für einen Steinbock sexueller als harte Arbeit. Steinböcke verabscheuen faule Menschen, und wenn du so bist, bist du überhaupt nicht ihr Typ.

Wenn der Steinbock seinen Partner zu sehr unter Druck setzt, kann auf beiden Seiten Unmut entstehen. Um dies zu vermeiden, sollten sie bedenken, dass jeder Mensch sich in seinem eigenen Tempo bewegt und, was vielleicht am wichtigsten ist, seine eigene Definition von Erfolg hat.

Wenn der Steinbock zufällig anfängt, Sie wie einen Assistenten zu behandeln, kann die Beziehung am Ende sein, und obwohl er kein Lügner ist, wird er, wenn er sich entscheidet, sich zu entfernen, dies wie eine Marktforschung analysieren, d.h. er wird seine besten Möglichkeiten erkunden, um zu entscheiden, welche Art von Beziehung die vorteilhafteste ist.

Letztendlich ist für diesen astrologischen Verwalter alles eine Verhandlung. Selbst die emotionalsten Situationen können mit einem guten Angebot abgefedert werden.

Verstehen Sie mich nicht falsch: Wenn Steinböcke glauben, dass eine Beziehung ihren Erwartungen entspricht, werden sie bis zum Ende für sie kämpfen.

Aber wenn er feststellt, dass die Mathematik nicht mehr die Zahlen liefert, die sie liefern soll, wird er sich darauf vorbereiten, den Markt zu schließen. Er ist ehrlich gesagt liebevoller, als es sein Ansehen vermuten lässt, aber er versucht nie, jemanden zum Bleiben zu überreden, wenn dieser nicht daran interessiert ist, weiterzumachen. Wenn Sie das Glück haben, einen Steinbock an sich zu binden, haben Sie garantiert einen stabilen, loyalen Partner.

*Obwohl **Steinbock und Widder** ehrgeizig sind, definieren sie Erfolg sehr unterschiedlich. Der Steinbock erklimmt den Berg langsam, während der Widder sich kopfüber den Weg zur Spitze bahnt. Um ehrlich zu sein, kann der kindliche Überschwang des Widders den strengen Steinbock abschrecken, denn er wirkt auf ihn schlampig und unkultiviert. Der Widder wiederum mag den Steinbock manchmal als unkreativ und stumpfsinnig empfinden.*

Für diese beiden unternehmungslustigen Zeichen ist noch nicht alle Hoffnung verloren. Wenn sie lernen können, die Logik des anderen zu akzeptieren, können sie eine Beziehung aufbauen, die auf Verständnis und

Respekt beruht. Außerdem haben sie beide Späße am Sex, und das ist das Spiel wert.

Steinbock und Stier sind eine natürliche Verbindung. Der Stier ist in die Hingabe des Steinbocks verliebt, denn der Seebeck bietet die Stabilität, nach der sich der Stier sehnt. Außerdem schätzt der Steinbock die Sinnlichkeit des Stiers, die die manchmal zähe Hartnäckigkeit des Steinbocks noch nuancierter macht. Steinbock und Stier sind praktische Menschen, die sich sehr gut verstehen. Allerdings ist keine Beziehung perfekt, und Steinbock und Stier können sich in ihrer gemeinsamen Komfortzone schützen. In einer Beziehung sollte es darum gehen, Spaß zu haben und zu teilen. Deshalb sollten diese beiden Sternzeichen darauf achten, die Flamme der Liebe mit ein wenig Spontaneität am Leben zu erhalten.

Steinbock und Zwillinge, das ist eine seltene Liebeskombination. Tatsächlich sind diese Zeichen so unterschiedlich, dass eine romantische Beziehung zwischen ihnen gerade verrückt genug ist, um zu funktionieren. Der Steinbock ist fasziniert von der Beweglichkeit der Zwillinge, und die Zwillinge wollen die ganze Weisheit des Steinbocks in sich aufnehmen. Gemeinsam können sie sich unschätzbare Lektionen beibringen und sich gegenseitig beruflich, kreativ und *natürlich auch sexuell inspirieren. In dieser Beziehung wird der Steinbock sicher auch seine perverseren Neigungen zeigen. Alle Beziehungen erfordern Verhandlungen und Kompromisse. Wenn also beide Zeichen bereit sind, in gemeinsame Ziele zu investieren, haben sie das Potenzial, Partner fürs Leben zu werden.*

***Steinbock und Krebs**, beides Tierkreiszeichen, symbolisieren die himmlischen Eltern. Der Steinbock steht für die starke Energie des Vaters, während der Krebs mit der weiblichen Energie der Mutter verbunden ist. Diese Zeichen haben eine eher traditionelle Auffassung von Romantik. Sie streben danach, eine sichere, unterstützende und engagierte häusliche Umgebung aufzubauen. Natürlich streiten sich auch die hingebungsvollsten Paare. Wenn diese beiden Zeichen also planen, zusammenzukommen, sollten sie bereit sein, einen gelegentlichen Streit zu akzeptieren.*

***Steinbock und Löwe sind** insgeheim voneinander besessen, auch wenn sie es nicht zugeben wollen. Der Steinbock ist fasziniert von Leos dramatischem Stil, und der Löwe ist inspiriert von Steinbock unglaublicher Arbeitsmoral. Sie haben das Potenzial, ein unglaubliches Power-Paar zu bilden, aber zuerst*

müssen sie bereit sein, ihre Egos loszulassen. Insbesondere muss Löwe akzeptieren, dass Steinbock ständiger Fokus manchmal über die Konkurrenz siegt, und Capricorn muss erkennen, dass Leos Drama eine effektive Methode ist. In dieser Beziehung wird es immer Konflikte geben, aber wenn sie sich darauf einlassen, wird diese Spannung rein sexuell, und beide Zeichen sind sehr an dieser Art, Energien auszudrücken, interessiert.

Steinbock und Jungfrau, das *ist eine sehr gute Beziehung. Der Steinbock arbeitet hart daran, Sicherheit und Geborgenheit in sein Leben zu bringen. Als Elementgeschwister haben Jungfrau und Steinbock, da sie beide Erdzeichen sind, ähnliche Bestrebungen. Daher sind diese Zeichen ein erstaunliches Team. Steinbock schätzt die Organisation von Jungfrau, und Jungfrau bewundert Steinbock Weitblick. Dies ist ein hart arbeitendes, rationales Paar. Wenn es jedoch um ihre Beziehung geht, müssen die beiden darauf achten, dass ihre Mechanik nicht zu praktisch wird. Wenn sie beide neue Wege finden, sich gegenseitig anzutreiben und sexuell attraktiv zu sein, können sie eine Beziehung eingehen, die von Dauer ist.*

Steinbock und Waage *müssen sehr hart arbeiten, um eine Beziehung aufrechtzuerhalten. Der Steinbock ist ein Workaholic. Manche Zeichen schätzen seinen Ehrgeiz, aber diese Lebenseinstellung ist sicher nicht jedermanns Sache. Es ist eine Beziehung, in der beide Zeichen sicherstellen müssen, dass sie auf derselben Seite stehen. Die Waage, der Diplomat des Tierkreises, könnte von der stoischen Haltung des Steinbocks frustriert sein.*

Als harter Arbeiter hat der Steinbock keine Zeit für Nettigkeiten, die genau die Art von sozialer Interaktion sind, die die Waage voranbringt. Capricorn ist leicht genervt von Waage übermäßig angenehmer Natur. Wenn sich diese beiden Zeichen zusammentun, muss der Steinbock daran denken, dass die Waage nicht sein Assistent ist, und die Waage muss auch ihre Rolle als Steinbocks loyaler Partner akzeptieren. Wenn sie lernen können, ihre Unterschiede zu respektieren, wird dies eine erfolgreiche Verbindung sein.

Steinbock und Skorpion, *das ist eine dunkle, geheimnisvolle, aber sehr sexuelle Beziehung. Der Skorpion ist besessen von Macht und Kontrolle, aber wenn er den Steinbock trifft, der so zielstrebig ist, merkt er, dass niemand, nicht einmal seine Verführungskraft, ihn aus dem Gleichgewicht bringen kann.*

Das ist aufregend für den Skorpion, der Überstunden macht, um Steinbock schwer zu gewinnende Zuneigung zu gewinnen. Währenddessen lehnt sich der Steinbock zurück und entspannt sich, denn dieses Erdzeichen liebt es, den Skorpion schwitzen zu sehen.

Dieses Tauziehen ist zwar erotisch, aber wenn die beiden eine Beziehung führen wollen, müssen sie sicherstellen, dass ihre Beziehung nicht ausschließlich auf Fragen der Dominanz und Unterwerfung beruht.

Steinbock und Schütze *haben einfach nicht viel Perspektive. Der optimistische Schütze gibt dem Steinbock das Gefühl, genervt zu sein. Wenn dieses Paar lernt, zusammenzuarbeiten, kann es eine ausgewogene Beziehung aufbauen, die gleichzeitig leidenschaftlich und stabil ist. Das mag Kompromisse erfordern, aber letztendlich ist alles im Leben ein Geschäft.*

Steinbock und Steinbock*, diese beiden befeuern sich gegenseitig mit ihrer Moral und Integrität der Arbeit, so dass es sehr wahrscheinlich ist, dass sie zunächst in einer Einstellung oder fakultativ verbinden.*

Diese Liaison ist jedoch selten. Diese altgedienten Seelen können eine Beziehung aufbauen, denn sie können ein unaufhaltsames Duo bilden, eines der wildesten und vielleicht erfolgreichsten Power-Paare des Tierkreises. Von ihrem Ehrgeiz getrieben, nehmen sich zwei Steinböcke ein Doppelzimmer in einem Hotel.

Steinbock und Wassermann haben eine unterschiedliche Einstellung zum Leben. Der Steinbock ist verwurzelt. Der Wassermann schreitet in seinen Ideen voran, um intellektuelle Dynamiken zu erforschen, oft gegen alles, was etabliert ist.

Der Wassermann sehnt sich danach, das Modul zu durchbrechen, für das der Steinbock hart arbeitet. Natürlich wird es in dieser Beziehung Spannungen geben, aber Steinbock und Wassermann können auch voneinander lernen. Obwohl es einige Zeit dauern kann, bis jeder die Versprechen des anderen zu schätzen weiß, hat dieses Paar das Potenzial für Kompatibilität.

Steinbock und Fische, das ist eine mögliche Beziehung. Der Ehrgeiz des Steinbocks und die Kreativität der Fische sind eine unfehlbare Formel für den Erfolg. Als Wasserzeichen haben die Fische oft rein künstlerische Visionen.

Ihm fehlt jedoch die nötige Grundlage, um seine Träume in die Realität umzusetzen, und als er

Steinbock trifft, erhält er die Hilfe, um seine abstrakten Ideen in die materielle Welt zu übertragen.

Der Steinbock muss seine Zeit zwischen diesen beiden Ereignissen sorgfältig einteilen, und die Fische müssen ihm den nötigen Freiraum geben. Wenn diese Zeichen lernen können, das Leben als Paar gemeinsam zu meistern, wird ihre Beziehung ausgezeichnet sein.

Steinbock und seine Berufung

Der Steinbock hat eine entschlossene und ruhige Persönlichkeit. Das macht ihn zu einer außergewöhnlichen Führungspersönlichkeit, die Krisen mit Entschlossenheit und Zuversicht begegnet.

Er verlässt sich nicht auf Glück, sondern auf harte Arbeit und Ausdauer.

Beste Berufe

Der Steinbock ist ehrgeizig und genießt Herausforderungen. Macht ist ein zentraler Bestandteil der Steinbock-Identität. Finanzinstitute, Betriebswirtschaft, Kampfsport, Boxen, Pharmazie und Architektur.

Zeichen, die in Verbindung gebracht werden mit

Es wäre ein guter Partner für Skorpion, Widder und Waage. Dies sind analytische Zeichen, die alle Wahrscheinlichkeiten eines Unternehmens zu studieren und wissen, wie man eine Idee zu strukturieren und sind umsichtig.

Geld-Rituale

Citrin Ritual zum Anziehen von Geld

Sie benötigen.

- 3 Zitrinen

- 3 goldene Kerzen in Form einer Pyramide

- Essenz aus Lavendel

- 1 Zimtstange

- 1 Bronzemünze

- 1 Silbermünze

- 1 gelbes Säckchen

Dieses Ritual sollte an einem Freitagabend nach 18.00 Uhr durchgeführt werden.

Sie müssen die Kerzen mit der Lavendel-Essenz weihen. Lege sie dann in eine dreieckige Form. Legen Sie die 3 Münzen ebenfalls in eine Dreiecksform und darauf den Citrin quarz. Zünden Sie die Kerzen an, während Sie sich vorstellen, dass das Geld in Ihr Unternehmen fließt. Lassen Sie die Kerzen ausbrennen, legen Sie die 3 Steine und die Münzen mit einer Zimtstange in den Beutel und hängen Sie ihn hinter die Tür Ihres Geschäfts.

Die Truhe des Überflusses und des Wohlstands.

Sie benötigen:

- 1 Holztruhe

- 1 Magnetstein

- 1 Pyrit

- 3 chinesische Münzen mit einer roten Schleife

- 1 Jadequarz

- 1 Zimt-Weihrauch

- 1 roter Umschlag

- 1 Pergamentpapier

Auf das Pergamentpapier schreibst du: "Ich (Name) rufe meine Geistführer an, mir zu helfen, Fülle und Wohlstand in meinem Leben zu mehren". Dieses

Papier legst du in die Truhe. Sie zünden die Zimträucherung an und lassen den Rauch über alle Gegenstände ziehen, die Sie in die Truhe legen werden. Sobald du den Rauch über die Truhe gezogen hast, legst du alle Gegenstände in die Truhe. Schließen Sie die Truhe und stellen Sie sie in die Wohlstandszone Ihrer Wohnung oder Ihres Unternehmens (die Wohlstandszone befindet sich unten links).

Die Essenz des Wohlstands.

Sie benötigen:

- Ihre Lieblingsparfümflaschen

- 5 Tropfen Zimtessenz

- 7 Tropfen Sandelholz-Essenz

- 9 Tropfen Rosenessenz

- 11 Tropfen Honig-Essenz

- 3 Zimt-Weihrauch

- 3 goldene Kerzen.

Damit dieser Zauber wirksam ist, musst du ihn am Freitag zur Zeit des Planeten Jupiter sprechen.

In die Parfümflasche, die du täglich benutzt, gibst du alle Tropfen der Essenzen und mischst sie gut. Du zündest die drei Räucherungen an.

Die Kerzen in Form einer Pyramide aufstellen und den Knauf in die Mitte setzen.

Wiederholen Sie dabei im Geiste alle Segnungen, die Sie sich für Ihr Leben in Bezug auf materiellen Wohlstand wünschen. Lassen Sie sie dort stehen, bis die Kerzen ausgebrannt sind.

Ihr Parfüm ist bereits der Fülle geweiht. Du musst es nur noch nutzen.

Die Schlüssel zum Reichtum.

Sie benötigen:

- 3 alte Schlüssel

- 1 Rechnung für die laufende Nutzung

- 1 grüne Kerze

Bilden Sie mit den drei Schlüsseln eine Pyramide, legen Sie den Geldschein in die Mitte und zünden Sie die Kerze an.

Während dieses Vorgangs wiederholen Sie im Geiste die folgende Affirmation: "Der Reichtum kommt zu mir, denn diese Schlüssel mir jetzt die Türen zum unendlichen Reichtum öffnen".

Wenn die Kerze ausgebrannt ist, verstecke die Schlüssel in der Wohlstandsecke deines Hauses.

Fülle Zerstäuber

Damit dieses Ritual am effektivsten ist, sollten Sie es an einem Donnerstag, Freitag oder Sonntag zur Zeit des Planeten Venus oder Jupiter durchführen.

Sie benötigen:

- Florida Wasser

- 1 Zimtstange

- Orangenschalen

- Vollmond Wasser

- 1 Zerstäuber Knopf

- 1 goldenes Band

- 7 Münzen

- 1 goldene Kerze

Das Luna-Wasser mit der Zimtstange und der Orangenschale 10 Minuten lang kochen. Lass es drei Tage lang an einem kühlen, dunklen Ort ziehen. Füge dann das Aguaflorida hinzu und fülle es in den Zerstäuber. Lege die sieben Münzen im Kreis um den Zerstäuber.

In der Mitte zündet ihr die goldene Kerze an. Sprechen Sie dabei laut nach: "Fülle kommt zu mir, Geld ist im Überfluss vorhanden, und alle meine Bedürfnisse sind erfüllt. Wenn die Kerze ausgebrannt ist, binde das goldene Band an den Zerstäuber und besprühe alles um dich herum, was mit Geld zu tun hat.

Die besten Länder und Städte zum Leben

Länder: *Indien, Mexiko, Afghanistan, Bosnien, Albanien, Litauen, Kuba, Vereinigte Staaten, Guatemala und Bulgarien.*

Die Städte: *Delhi, Mexiko-Stadt, Baja California, Brüssel, Brandenburg, Oxford, Constanta, Puna Cana, Rom, Galicien und Madrid.*

Räucherstäbchen und ätherische Öle für Geld

Weiße Salbei Weihrauch und ätherisches Öl. Es ist für den Schutz verwendet und Stress abzubauen, so ist es gut für das Geschäft.

Pflanzen für Geld

Thymian: *eine Pflanze, die seit Jahrhunderten zur Reinigung der Luft und zur Beseitigung von Negativität verwendet wird.*

Quarz für Geld

Citrin-Quarz: *Er ist als Stein des Überflusses bekannt.*

Er hat große magnetische Kraft, bringt Glück im Geschäft und Sicherheit am Arbeitsplatz.

Sie eignet sich hervorragend für die Vorbereitung von Ritualen und Amuletten in Zeiten der Not oder des finanziellen Verlustes.

Geld-Anhänger

Die Pentakel des Jupiters, die Ihnen Wohlstand garantieren.

Pentakel sind magische Figuren, die in der Lage sind, positive Energien an ihre Umgebung weiterzugeben.

Die Wirkung der Jupiter-Pentakel ergibt sich aus der Kombination von Buchstaben, Zeichen und nützlichen Formeln, sie symbolisieren grafisch und mystisch einen Wunsch. Sie wirken eindeutig auf die Psyche der Menschen, die mit ihm visuellen Kontakt haben.

Die größte Zusammenstellung von Pentakel findet sich in den Claviculae of King Solomon, einem Band der hohen Magie, der diesem biblischen König zugeschrieben wird. Darin finden sich 36 Pentakel, die verschiedenen Zwecken dienen, darunter die sieben Pentakel des Jupiters.

Pentakel für Wohlstand.

Der Zweck dieser Pentakel ist es, für Fülle zu sorgen, Konflikte im Zusammenhang mit der Arbeit zu lösen und Ihnen zu helfen, alle Arten von Vorteilen, die größeren Wohlstand garantieren, direkter wahrzunehmen.

Jupiter, der so genannte große Wohltäter in der Astrologie, ist ein Planet, der mit Expansion, Optimismus, Verbindungen zu mächtigen Menschen und der Fähigkeit, Glück zu machen, in Verbindung gebracht wird.

Du solltest sie mit großer Konzentration und mit der Absicht zeichnen, dass sie deinen Willen manifestieren. Das am besten geeignete Material ist ein Stück Pergament.

Sobald sie fertig sind, sollten sie an einer gut sichtbaren Stelle aufgehängt werden, z. B. an der Kasse oder in der Brieftasche (Sie können sie auch ausdrucken).

Affirmationen, um Geld zu erhalten

Sie sollten diese Dekrete 21 Tage lang durchführen, damit Sie die Ergebnisse sehen können, wenn möglich dreimal täglich. Wenn du sie laut wiederholst, werden sie noch kraftvoller sein.

Sie sollten diese Dekrete 21 Tage lang durchführen, damit Sie die Ergebnisse sehen können, wenn möglich dreimal täglich. Wenn du sie laut wiederholst, werden sie noch kraftvoller sein.

Sie sollten diese Dekrete 21 Tage lang durchführen, damit Sie die Ergebnisse sehen können, wenn möglich dreimal täglich. Wenn du sie laut wiederholst, werden sie noch kraftvoller sein.

Sie sollten diese Dekrete 21 Tage lang durchführen, damit Sie die Ergebnisse sehen können, wenn möglich dreimal täglich. Wenn du sie laut wiederholst, werden sie noch kraftvoller sein.

Ferien

Urlaub ist sowohl körperlich als auch geistig gesund. Es ist erwiesen, dass ein Urlaub das Stressniveau senkt und das Immunsystem stärkt. Manchmal verursacht die Planung eines Urlaubs Stress, weil es unendlich viele Möglichkeiten gibt und die Entscheidung zu einer Schimäre haften Aufgabe wird.

Mit Hilfe der Astrologie lässt sich aus dem Verständnis Ihrer Persönlichkeit der ideale Urlaubsort für Sie ableiten.

__Widder__, ein All-inclusive-Resort mit sportlichen Aktivitäten im Freien an einem warmen Ort wie Punta Cana, Cancún oder den Turks- und Caicosinseln wäre ideal. Australien ist ein aufregendes Land, das eine Fülle von Emotionen bietet, die Ihr Herz höherschlagen lassen.

__Stier__, ein Aufenthalt in einem luxuriösen Resort auf den Cayman-Inseln oder ein luxuriöser Urlaub in Dubai, in einem Hotel, das alle Annehmlichkeiten bietet, wird sehr verlockend sein. Italien ist ein perfektes Land, denn dort finden Sie alles, wovon Sie schon immer geträumt haben: Liebe, Charme, Luxus, wunderbares Essen und erstklassige Weine.

Zwillinge *lieben es, sich intellektuell zu beschäftigen. Reisen mit geführten Ausflügen wie eine Safari in Afrika oder die Erforschung der Tierwelt auf den Galapagos-Inseln bieten dem Tierkreis-Kommunikator ein luxuriöses Erlebnis.*

Krebs*, Kurztrips, umgeben von Familie und Freunden. Disney World, die Attraktionen und das vielfältige Angebot an Speisen sind eine Möglichkeit. In Orlando, Florida, gibt es mehrere fantastische Hotels und Resorts, jedes mit einem einzigartigen und faszinierenden Thema.*

Ein Aufenthalt in einem Bungalow über dem Meer in Tahiti ist für dieses Sternzeichen fantastisch. Eine weitere luxuriöse Alternative, die der Löwe liebt, wäre eine private tropische Insel auf den Malediven, den Fidschis oder den Jungferninseln zu mieten.

Jungfrau*, Italien ist Ihre beste Wahl. Dieses Land wird Sie gut beschäftigen. Als Erdzeichen sind Sie mit der Welt um Sie herum verbunden. Orte wie La Romana in der Dominikanischen Republik, Puerto Viejo in Costa Rica und Belo Horizonte in Brasilien werden Ihnen Leben einhauchen.*

Waage, *ziehe Städte mit Museen vor. Ein Urlaub in den Tropen ist für die Waage nicht so befriedigend wie eine Besichtigung des Louvre in Paris, des Akropolis-Museums in Athen, Griechenland, des Prado-Museums in Madrid, Spanien oder der Uffizien in Florenz, Italien.*

Skorpion, *verbringen Sie ein paar Tage an einem abgelegenen Strand mit Alkohol und Massagen. In Griechenland, Bali, St. Martin oder Hawaii finden Sie all diese Annehmlichkeiten. Der Besuch von Kulturstätten in der Nähe Ihres Luxushotels wäre eine außergewöhnliche Kombination aus Tropen- und Kultururlaub. Mykonos und Roda in Griechenland sind perfekte Reiseziele.*

Schütze, *erkunde den Jakobsweg, ein Netz sehr unterschiedlicher Wege, die alle zur Stadt Santiago de Compostela führen. Jeder Weg hat seine Geschichte, sein Erbe und seine Magie. Der Schütze ist ein Reisender, der sich nach neuen Erfahrungen sehnt. In Irland werden Sie alles finden, was Sie suchen.*

Steinbock, *ein zielorientiertes Zeichen. Ferien, in denen Sie neue Geschäftsbeziehungen knüpfen können. China wäre spektakulär. Steinbock hat einen Sinn für* *historische Werte, den andere Zeichen nicht haben. In Ländern wie Israel und Ägypten, in denen die Geschichte präsent ist, werden Sie sich zu Hause fühlen.*

Der Wassermann *liebt neue Ideen, unbekannte Orte und neue Beziehungen. Ein fantastisches Land, das man besuchen könnte, wäre Japan, nicht nur wegen seiner faszinierenden Geschichte und Kultur, sondern weil jede seiner Regionen etwas anderes zu bieten hat.*

Fische, *ein Wasserzeichen, das sich über tropische Urlaube freut. Ein Hotel direkt am Strand wäre ideal. Die Insel "La Dique" in der Republik der Seychellen, vielleicht der schönste Strand der Welt, wird ein sicherer Erfolg sein. Fische haben eine ruhige Lebenseinstellung und werden von Neptun regiert, was Sie zu einem kreativen Denker macht. Schweden ist ein Land, das er besuchen sollte, weil er dort eine Kultur vorfindet, die so innovativ ist wie er selbst.*

Wer ist dein Seelenverwandter nach deinem Sternzeichen?

Wenn wir den Begriff "Seelenverwandte" hören, denken wir in der Regel an die Mitglieder eines Paares, d. h. an jemanden, mit dem man eine starke gefühlsmäßige und sexuelle Verbindung hat. Echte Seelenverwandte haben jedoch nicht immer eine solche Beziehung zueinander und sind oft nicht einmal an dem sexuellen Aspekt einer Beziehung interessiert.

Ihr Seelenverwandter kann nicht nur Ihr Partner sein, sondern auch Ihre Eltern, Freunde, Kinder, Großeltern, Ihr Chef oder Ihre Schwester.

Aus astrologischer Sicht und in Anbetracht der Tatsache, dass die Lektionen, die wir lernen müssen, bevor wir die nächste spirituelle Ebene erreichen, diejenigen sind, die die Art der affektiven Beziehungen bestimmen, die wir heute im Leben entwickeln müssen, können wir sagen, dass Krebs und Fische Seelenverwandte des Widders sind.

Mit Krebs und Fische kann der Widder sich nicht nur besser konzentrieren und Konflikte gewaltfrei lösen, sondern auch Empathie entwickeln, d. h. die Fähigkeit, sich in den anderen hineinzuversetzen und zu lernen, zu teilen.

 Diese beiden Zeichen mögen keine Konflikte, und wenn sie doch entstehen, ziehen sie den Dialog jeder Episode von Brutalität vor.

Der Widder kann dem Krebs und den Fischen beibringen, nicht auf die Zustimmung anderer angewiesen zu sein, risikofreudiger zu sein und nicht zu versuchen, es allen recht zu machen, d.h. durchsetzungsfähiger zu sein.

Der sinnliche Stier, Feind des Wandels und Verwandter der Trägheit, hat als Seelenverwandte Schütze und Zwillinge, zwei Zeichen, die wissen, dass das Leben eine faszinierende Reise ist, aber keine statische Reise.

 Sie können dem Stier beibringen, dass er nicht aus Angst vor Ungewissheit dortbleiben muss, wo er nicht mehr sein muss, und dass es immer bestimmte Situationen oder Umstände geben wird, die eintreten werden, ohne dass wir sie erwarten und ohne, dass wir die Macht haben, sie zu ändern. Der Stier hat diesen Zeichen auch viel zu lehren.

Lektionen über Willenskraft, Verpflichtungen gegenüber anderen, Engagement für das, was sie tun, und Durchhaltevermögen, ohne Eile oder Langsamkeit. Prinzipien zu haben und klug zu sein.

Der Löwe kann mit seinen Seelenverwandten, die der Waage und dem Wassermann angehören, eine Menge Karma ausgleichen.

Ein Löwe kann aus Eitelkeit auf einer falschen Idee oder Überzeugung beharren; Waage und Wassermann wissen, dass hinter einer egozentrischen Person ein geringes Selbstwertgefühl steht.

Die Waage lehrt den Löwen Gleichmut und Toleranz, Argumentation und Diplomatie, um eine reibungslose Kommunikation zu gewährleisten. Wassermann, das gegenüberliegende Zeichen von Löwen, ausgestattet mit einem objektiven und fairen Urteil, da sie nie von Vorurteilen beeinflusst werden, wird Löwe lehren, die Herzen der Menschen zu sehen, ihre Schulter anzubieten und mitfühlende Worte in Zeiten der Not zu geben.

Der Löwe zögert nie, wenn er Entscheidungen trifft, und wenn doch, dann manifestiert er sie nicht, etwas, das die Waage praktizieren sollte.

Treue ist ein Markenzeichen des Löwen, etwas, das der Wassermann nicht kennt, und die kleinen Löwen können ihm moralische Lektionen erteilen.

Die Jungfrau, die wegen ihrer immensen Angst vor dem Scheitern als Perfektionist bekannt ist, hat Skorpion und Steinbock als Seelenverwandte. Jungfrauen sind gerne streng in ihren Entscheidungen und haben einen Prototyp in fast jedem Aspekt ihres Lebens. Diese Selektivität hält sie davon ab, der Bewegung des Lebens zu folgen.

Die Jungfrau wird ein ganzes Projekt buchstäblich in der Luft zerreißen, wenn sie das Gefühl hat, dass es nicht von Anfang an perfekt war, was ein Steinbock niemals tun würde, da ihr Weitblick sie erkennen lässt, dass es immer Alternativen gibt, ohne von vorne anfangen zu müssen.

Der Steinbock ist ein Zeichen, das sich seines eigenen Raumes sicher ist, er trifft keine sinnlosen Entscheidungen, wie es die Jungfrau manchmal tut.

Andererseits kann der Skorpion das Schlimmste abmildern und das Beste der Jungfrau verstärken. Skorpion und Jungfrau haben eine praktische Herangehensweise an das Leben; allerdings ist der Skorpion viel mehr ein Lebenskünstler als die Jungfrau. Der Skorpion bringt die Entschlossenheit mit, die der Jungfrau fehlt, und die Jungfrau bringt dem leidenschaftlichen Skorpion Kontrolle und Rationalität.

Die Jungfrau wird den Steinbock an seiner Seite angenehmer und spielerischer machen, indem sie ihn von der übermäßigen Ernsthaftigkeit trennt, die er oft in seinem Gesicht zeigt.

Wahnsinn

Der Wahnsinn hat sich im Laufe der Geschichte als eine obskure, rätselhafte und widersprüchliche Wahrheit erwiesen. Er hat uns Angst gemacht, wir haben ihn ignoriert und sogar akzeptiert, und infolgedessen wurden die Menschen, die angeblich unter ihm litten, abgelehnt, eliminiert und geehrt.

Jedes Verhalten, das nicht mit unseren Überlegungen übereinstimmt, ist nicht unbedingt ein Akt des Wahnsinns, sondern eine andere Vorgehensweise.

Es ist ein Fehler, wenn wir, wenn wir uns von den Handlungen oder Dummheiten anderer betroffen oder verärgert fühlen, diese verbannen, denn das macht uns nicht vernünftiger, ausgeglichener oder vollkommener, sondern macht uns genauso verrückt.

Die Definition des Wahnsinns ist ebenso komplex wie die des Verstandes, aber alle Tierkreiszeichen haben ihren Grad an Wahnsinn.

***Krebs**: Sie sind temperamentvoll. Dies führt dazu, dass sie von außen betrachtet eine unverständliche Persönlichkeit haben. Die Popularität der Verrückten beruht auf ihrem widersprüchlichen Charakter, der die Menschen um sie herum manchmal verstört.*

Skorpion: *Sie brauchen Veränderung, um glücklich zu sein, sie können verrückte Dinge tun, nur um etwas Action zu erzeugen. Für sie ist es normal, einen Ausbruch zu haben, denn sie sind süchtig nach Veränderung und Aufregung.*

Fische: *Es ist für sie unmöglich, dich nicht mit ihrem Wahnsinn anzustecken. Ihre Instabilität und ihr Ungleichgewicht stören die Menschen um sie herum. Sie sehen alles rosig, was dazu führt, dass sie als verrückt bezeichnet werden, weil sie immer auf einer Wolke schweben.*

Zwillinge: *Er ist berühmt für seine Dualität. Sie sind manchmal in Konflikt mit sich selbst. Sie lieben Herausforderungen, die Gefahren mit sich bringen. Sie lieben es, improvisierte Abenteuer zu planen und sind immer bereit, die Grenzen des maximalen Wahnsinns zu überschreiten.*

Löwe: *Wenn sich das Feuer in ihrem Kopf festsetzt, denken sie, dass alles, was ihr Leben umgibt, dringender ist als alles andere. Sie sind extravagant und haben Einstellungen, die für andere als verrückt gelten. Sie können Dinge tun, die ein vernünftiger Mensch niemals tun würde.*

Widder: *Sie verärgern sich selbst und alle um sie herum. Sie sind stur und wollen in allem der Erste sein, auch wenn sie dafür verrückte Dinge tun müssen. Sie wissen nicht, wie man es zurückzunehmen, etwas, das sie zu irrationalen Handlungen führt.*

Wassermann: *Ein rebellisches und freies Zeichen, das sich nicht im Geringsten um die Meinung kümmert, die man von ihm hat. Es handelt in einer kapriziösen Art und Weise, mit verrückten Haltungen, die die Paradigmen brechen.*

Schütze: *Er ist lustig, aber gewalttätig mit seinem Wunsch nach Aktion. Sie wissen nicht, wie man die Folgen ihres Handelns zu messen, etwas, das viele als Wahnsinn. Es ist nicht verwunderlich, sie völlig ungezügelt zu sehen, die Überquerung des Terrains der Verantwortungslosigkeit.*

Waage: *Sie sehnen sich nach Glück und Harmonie, und um das zu erreichen, sind sie bereit, alles Verrückte zu tun. Sie sind instabil, und das führt sie zu brechen ihre Verpflichtungen, etwas, das viele als verrückt.*

Jungfrau: *Sie gehen bis zum Äußersten und werden obsessiv. Sie haben eine Vision von dem, was sie wollen, in Stein gemeißelt, niemand kann ihnen Ratschläge geben, sie lassen sich nicht leiten. Wenn sie nicht zuhören, begehen sie verschiedene Dummheiten.*

Stier*: Wenn ihnen eine Idee in den Sinn kommt, gibt es niemanden, der sie vertreibt, und sie begehen sogar verrückte Dinge, um ihre Hypothese zu untermauern. Versuchen Sie, ihre Geduld auf die Probe zu stellen, und Sie werden feststellen, wie weit ihr Wahnsinn geht.*

Steinbock*: Er vergisst absolut nichts, nicht verzeihen und noch viel weniger, vergisst, wenn Sie etwas falsch machen, keine Sorge, weil er Sie ein Leben lang daran erinnern, um Sie völlig verrückt zu machen. Steinbock ist wahnsinnig obsessiv über die Kontrolle.*

Die Psychologie hinter der Lotterie.

Lotteriespiele sind in der ganzen Welt sehr beliebt.

Wir alle haben den unmöglichen Traum, im Lotto zu gewinnen, denn die Illusion, durch einen Glücksfall Millionär zu werden, auch wenn die Chancen minimal sind, ist der Hauptgrund, warum Menschen spielen.

Die Spieler nehmen wahr, dass die Kosten für das Lotterielos im Verhältnis zu den Gewinnen, die sie im Falle eines Gewinns erzielen würden, verschwindend gering sind. Wir nehmen Risiken immer emotional wahr, und wenn sie uns Freude bereiten, neigen wir dazu, das Risiko als unbedeutend zu betrachten und das Gefühl der Gefahr zu neutralisieren, indem wir uns nur auf die Vorteile konzentrieren.

Die Spieler sehen in der Lotterie eine einmalige Gelegenheit, mit geringem Geldeinsatz und geringem Risiko einen Gewinn zu erzielen.

Spiele haben sowohl traditionelle als auch abergläubische Aspekte. Manche Menschen spielen immer dieselben Zahlen, weil sie ihre Lieblingszahlen sind, weil sie sie mit einem wichtigen Datum in Verbindung bringen oder weil sie sie geträumt haben.

Andere spielen zu einer bestimmten Zeit, an einem bestimmten Tag oder an einem bestimmten Ort. Wenn wir denken, dass wir die Kontrolle haben, fühlen wir uns zuversichtlich, denn wenn wir die Zahlen selbst auswählen, anstatt nach dem Zufallsprinzip zu spielen, obwohl die Chancen, richtig zu liegen, die gleichen sind, haben wir den Eindruck, dass wir das Schicksal kontrollieren und dass die Chancen zu unseren Gunsten stehen.

Es gibt Leute, die nur zum Spaß spielen, in diesen Fällen geht die Lotterie über die wirtschaftlichen Kosten hinaus und wird zu einem Spaß, der belebt wird, wenn sie sich ausmalen, was sie mit dem Geld, das sie erwerben würden, alles machen könnten.

Es gibt fünf psychologische Beschreibungen der einzelnen Lottospieler:

Der Abenteurer, der von Spielen um große Geldsummen, von Spekulationen mit Zufallszahlen und mit geplanten Zahlen verzaubert ist.

Der Konkurrent, der darauf besteht, durch Glücksspiele zu zeigen, dass er auf Sieg wettet.

Der Gierige, der dem Glücksspiel keine Grenzen setzt und sich nicht scheut, beim Wetten Risiken einzugehen.

Der Taktiker, der niemals riskant spielt, sucht nach Taktiken, Strategien und numerischen Sets, wenn er die Zahlen spielt.

Der abergläubische Mensch, der immer die gleichen Zahlenkombinationen spielt, verwendet Talismane, Rituale oder kauft seine Lose an einem bestimmten Datum und Ort.

Gibt es einen Trick oder eine Formel, um im Lotto zu gewinnen?

Diese Frage ist noch immer unbeantwortet. Viele spekulieren und behaupten, dass es wahrscheinlicher ist, vom Blitz getroffen zu werden, bevor man im Lotto gewinnt. Andere wiederum studieren die Chancen mit großer Ausdauer und Raffinesse.

Das Lottospiel oder jedes andere Glücksspiel, wenn es mit Bedacht betrieben wird, ist ein billiger Weg, um Illusionen und Vertrauen in die Zukunft zu kaufen. Kompliziert wird es, wenn die Person ihren Spieltrieb nicht kontrollieren kann, so dass eine Spielsucht entsteht und sie in die Spielsucht verfällt.

Ein Spielsüchtiger ist ein Mensch, dem das Glücksspiel große Schwierigkeiten bei der Arbeit und in seinen familiären Beziehungen bereitet, da Verluste ihn dazu verleiten, größere Geldbeträge zu verspielen, um das verlorene Geld zurückzugewinnen. Dies wird zu einem Teufelskreis, der nur durch eine psychotherapeutische Behandlung gelöst werden kann.

Die besten Geschenke für Tierkreiszeichen

Geschenke sind ein universelles Mittel, um zu zeigen, dass wir uns um eine Person kümmern und sie schätzen, aber der Kauf von Geschenken kann eine Herausforderung sein, für manche sogar ein echtes Kopfzerbrechen.

Die Planeten können Ihnen helfen, sobald Sie das Sternzeichen der Person kennen, können Sie vielleicht das ideale Geschenk machen.

***Feuerzeichen: Widder, Löwe und Schütze** mögen Geschenke, die ihnen das Gefühl geben, wichtig zu sein, und die mit Sport, Reisen und Technik zu tun haben.*

Eine professionelle Digitalkamera, das neueste iPhone-Modell, ein Flugticket mit Hotel zu einem exotischen Touristenort oder mit historischem Hintergrund, Geschäftsbücher, Sportbekleidung oder Fitnessgeräte, Lotterielose, Flaschen mit edlem Wein und exklusive Markenschuhe werden diesen Zeichen sehr gefallen.

***Stier, Jungfrau und Steinbock**, die dem Erdelement angehören, sind manchmal traditionell, aber das bedeutet nicht, dass sie keine Geschenke von anerkannten Marken mögen.*

Ein Gemälde eines berühmten Malers, ein Gürtel oder eine Aktentasche für ihre Arbeitsunterlagen, eine Brieftasche mit ihren Initialen, Markenparfüms, Massagen oder Körperbehandlungen, ein Haustier, Bademäntel, kuschelige Pyjamas oder sogar Aromatherapie-Diffusoren werden sie glücklich machen.

Luftzeichen: Zwillinge, Waage und Wassermann *sind nicht materialistisch, und die Funktionalität eines Geschenks ist viel wichtiger als der Preis. Ihre Fantasie ist reichlich vorhanden, und alles, was diese Fähigkeit anregt, spricht sie an.*

Ein Handy, ein Computer oder IPad, Bücher über persönliches Wachstum, Spiritualität, Philosophie und alternative Therapien, Selbsthilfe- und Wirtschaftskurse, ein Teleskop, Karten für die Oper oder das Theater, ein Tier, das nicht eingesperrt werden muss, Quarz, ätherische Öle, Weihrauch und After-Bath-Colognas werden von diesen Zeichen sehr geschätzt.

Krebs, Skorpion und Fische, *die Wasserzeichen, lieben personalisierte Geschenke. Kochutensilien, ein romantisches Abendessen am Strand unter dem Mondschein, eine entspannende Massage in einem Spaß, gewagte Dessous, Hausschuhe oder ein* bequemes Sofa zum Fernsehen, eine Flasche Champagner, Duftkerzen, Amulette, Astrologie Bücher, ein Satz von Tarot-Karten, Lotionen, Parfums und Beauty-Accessoires, Wein, Kekse, Konserven und alle Arten von Gourmet-Produkten sind auf der Liste der Geschenke, die diese Zeichen mit großer Freude annehmen werden.

Schenken ist ein Segen, es ist eine Geste der Großzügigkeit; Schenken ist ein symbolischer Akt, der ein Kompliment darstellt, eine Aufmerksamkeit für jemanden, den wir erfreuen wollen, und der die Zuneigung symbolisiert, die wir bekunden.

Wenn wir Geschenke machen, werden Beziehungen verbessert und gestärkt, und es entsteht Freude.

Die Tierkreiszeichen und ihre Ängste.

Die zwölf Tierkreiszeichen symbolisieren zwölf wesentliche Archetypen der menschlichen Persönlichkeit, sind aber gleichzeitig auch psychologische Prototypen, weshalb jedes der Tierkreiszeichen eine ganz spezifische und persönliche Angst hat.

Wir sollten uns daran erinnern, dass Angst ein wesentlicher menschlicher Alarm- und Abwehrmechanismus ist. Sie wird nur dann zum Problem, wenn sie übermäßig ist.

Ängste sind Unsicherheiten und manchmal projizieren wir sie mit den entgegengesetzten Handlungen, wie es der Fall des Widder-Zeichens ist; anerkannt für ihren eisernen Willen, nichts und niemand lähmt sie. Sie lieben es, alles zu kontrollieren, und ihre tief verwurzelte Angst ist es, zu scheitern oder um Hilfe zu bitten, weil dies für sie ein Synonym für Schwäche ist.

Der Stier *ist das sturste der Erdzeichen. Veränderungen machen ihnen Angst, und wenn ihnen das Geld ausgeht, verbringen sie ihr Leben mit Sparen, weil Armut sie ängstigt.*

Zwillinge, die Kommunikatoren des Tierkreises, sind ein wenig ängstlich und unsicher, sie versuchen, Aufmerksamkeit zu erregen, weil sie fürchten, langweilig auszusehen. Legitime Kinder des Mondes, Cancers lieben ihre Sicherheitszone, weil niemand sie dort verletzen kann, sie haben Angst vor Einsamkeit und Ablehnung.

Der Löwe, der König des Tierkreises, der Anführer und der Mutige, wurde nicht geboren, um zu verlieren. Ihre größte Angst ist es, unbemerkt zu bleiben; sie ziehen es vor, schlecht gemacht zu werden, aber nicht ignoriert zu werden.

Die Meisterin der Ordnung **Jungfrau** wird manchmal zwanghaft, wenn es um ihre Gesundheit geht, und ist daher eine Hypochonderin. Ihre größte Angst ist es, krank zu werden, aber Unordnung macht ihnen mehr Angst als alles andere.

Außerordentlich intelligente **Waagen** sind unentschlossen, und genau darin liegt ihre größte Angst: Entscheidungen zu treffen. Eine weitere ihrer Ängste ist die Einsamkeit.

Die rätselhaften und verführerischen **Skorpione** *haben ein Elefantengedächtnis, sie fürchten sich vor Verrat, und wenn du etwas tust, was ihnen nicht gefällt, werden sie es dir für immer vorenthalten. Behalte niemals ein Geheimnis vor einem Skorpion.*

Der **Schütze,** *der Abenteurer des Tierkreises, hat Angst, sich zu binden, denn die Anforderungen sind erschreckend. Sie sind sehr lustig, aber hinter diesem Lächeln verbirgt sich die Angst, betrogen zu werden.*

Steinbock *sind anspruchsvoll und weichen nie von ihren Zielen ab; ihre größte Angst ist es, Fehler zu machen, vor allem auf beruflicher Ebene. Sie sind aufopferungsvoll und haben Angst, ihre Träume nicht zu verwirklichen.*

Die rebellischen und utopischen **Wassermänner** *fürchten, ihre Freiheit zu verlieren, denn das würde bedeuten, ihr eigenes Wesen zu verlieren. Sie haben immer viele Freundschaften, aber keine von ihnen bindet sie. Sie brauchen die Gruppe, wollen aber nicht, dass die Gruppe sie braucht.*

Frieden ist ein Synonym für **Fische***, sie hassen Konfrontationen. Durch und durch mitfühlend, haben sie Angst, andere leiden zu sehen. Sie sind ein wenig* *unsicher, haben Lampenfieber und Angst vor Ablehnung.*

In einigen alten Astrologie Büchern wird Saturn für die Angst in einem Geburtshoroskop verantwortlich gemacht. Ich denke, dass für die Entstehung von Angst die Allianz mehrerer Planeten mit ihren entsprechenden Energien erforderlich ist.

Das heißt, Ängste werden von mehreren Planeten repräsentiert, die durch Aspekte miteinander verbunden sind, es gibt keinen bestimmten Planeten, der zwangsläufig mit der Entwicklung irgendeiner Art von Angst verbunden ist.

Mond in Steinbock

Der Mond im Steinbock arbeitet auf der geistigen und emotionalen Ebene, er hat Verantwortungsbewusstsein und eine Tendenz zur Unabhängigkeit.

Diese Menschen müssen lernen, Hilfe von anderen anzunehmen; emotionale Kontakte sind kein Zeichen von Schwäche. Sie beschützen diejenigen, die sie lieben, und versuchen, ihnen das Gefühl der Sicherheit zu geben, indem sie Grenzen setzen, aber diese Grenzen schaffen emotionale Distanz.

Dieser Mond fühlt sich in Situationen bedroht, die keine bestimmte Struktur haben, und wenn er nicht weiß, wie er reagieren soll, fühlt er sich sehr unwohl. Sie fühlt sich normalerweise bedroht, wenn sie unter Druck gesetzt wird, ihre Gefühle zu zeigen. Sie zieht es vor, dies auf eine verantwortungsvolle Weise zu tun. Wenn diese Menschen sich bedroht fühlen, bauen sie instinktiv eine Mauer auf.

Normalerweise suchen diese Personen automatisch nach einer Autoritätsperson, und wenn sie keine finden, übernehmen sie diese Rolle und üben Kontrolle aus.

Menschen mit dem Mond im Steinbock erleben die ganze Bandbreite der Gefühle sehr intensiv.

Allerdings sind sie ständig damit beschäftigt, einen angemessenen Weg zu finden, dies zu tun.

Diese Menschen wirken etwas kalt und zurückhaltend, aber das bedeutet nicht, dass sie keine Gefühle haben. Es bedeutet nur, dass sie nach einem geeigneten Weg suchen, ihre Gefühle auszudrücken. Je mehr sie sich bedroht fühlen, desto mehr Barrieren bauen sie auf, um ihre Gefühle zu verbergen.

.

Die Bedeutung des Aszendenten Zeichens

Das Sonnenzeichen hat einen großen Einfluss darauf, wer wir sind, aber der Aszendent ist das, was uns wirklich ausmacht, und das könnte sogar der Grund sein, warum Sie sich mit einigen Eigenschaften Ihres Sternzeichens nicht identifizieren.

Wenn du dein Horoskop liest, fühlst du dich manchmal identifiziert und es gibt einigen Vorhersagen einen Sinn, und das passiert, weil es dir hilft zu verstehen, wie du dich fühlen könntest und was mit dir passieren wird, aber es zeigt dir nur einen Prozentsatz dessen, was wirklich sein könnte.

Der Aszendent hingegen unterscheidet sich vom Sonnenzeichen, weil er widerspiegelt, wer wir oberflächlich gesehen sind, d. h. wie andere uns sehen oder welche Energie wir auf andere übertragen, und das ist so real, dass Sie vielleicht jemanden treffen, und wenn Sie sein Zeichen vorhersagen, haben Sie vielleicht sein Aszendenten Zeichen und nicht sein Sonnenzeichen entdeckt.

Zusammenfassend lässt sich sagen, dass die Eigenschaften, die man bei einer Person sieht, wenn man sie zum ersten Mal trifft, der Aszendent ist, aber da unser Leben von der Art und Weise beeinflusst wird, wie wir mit anderen in Beziehung treten, hat der

Aszendent einen großen Einfluss auf unser tägliches Leben.

Es ist etwas kompliziert zu erklären, wie das aufsteigende Zeichen berechnet oder bestimmt wird, denn es wird nicht durch die Position eines Planeten bestimmt, sondern durch das Zeichen, das zum Zeitpunkt Ihrer Geburt am östlichen Horizont aufsteigt, im Gegensatz zu Ihrem Sonnenzeichen, das vom genauen Zeitpunkt Ihrer Geburt abhängt.

Dank der Technologie und des Universums ist es heute einfacher denn je, diese Informationen zu wissen, natürlich, wenn Sie Ihre Geburtszeit kennen, oder wenn Sie eine Vorstellung von der Zeit haben, aber es gibt nicht eine Marge von mehr als Stunden, denn es gibt viele Websites, die die Berechnung durch die Eingabe der Daten zu machen, astro.com ist einer von ihnen, aber es ist unendlich.

Auf diese Weise können Sie, wenn Sie Ihr Horoskop lesen, auch Ihren Aszendenten lesen und mehr persönliche Details erfahren. Sie werden sehen, dass sich von nun an Ihre Art, das Horoskop zu lesen, ändern wird, und Sie werden wissen, warum dieser Schütze so bescheiden und pessimistisch ist, wenn er in Wirklichkeit so übertrieben optimistisch ist, und das liegt vielleicht daran, dass er einen Steinbock-Aszendenten hat, oder weil dieser Skorpion-Kollege immer über alles redet, zweifellos hat er einen Zwillinge-Aszendenten.

Ich werde die Eigenschaften der verschiedenen Aszendenten zusammenfassen, aber auch das ist sehr allgemein, da diese Eigenschaften durch Planeten in Konjunktion mit dem Aszendenten, durch Planeten, die den Aszendenten aspektieren, und durch die Position des herrschenden Planeten des Zeichens auf dem Aszendenten verändert werden.

Eine Person mit einem Widder-Aszendenten, dessen herrschender Planet Mars im Schützen steht, wird zum Beispiel etwas anders auf die Umwelt reagieren als eine andere Person, die ebenfalls einen Widder-Aszendenten hat, deren Mars aber im Skorpion steht.

In ähnlicher Weise wird sich eine Person mit einem Fische-Aszendenten, die Saturn in Konjunktion zu ihm hat, anders "verhalten" als jemand mit einem Fische-Aszendenten, der diesen Aspekt nicht hat.

All diese Faktoren verändern den Aszendenten, Astrologie ist sehr komplex, und Horoskope werden nicht mit Tarotkarten gelesen oder erstellt, denn Astrologie ist nicht nur eine Kunst, sondern auch eine Wissenschaft.

Es kommt häufig vor, dass diese beiden Verfahren verwechselt werden, denn obwohl es sich um zwei völlig unterschiedliche Konzepte handelt, haben sie einige Gemeinsamkeiten. Eine dieser Gemeinsamkeiten liegt in ihrem Ursprung begründet und besteht darin, dass beide Verfahren seit der Antike bekannt sind.

Sie ähneln sich auch in den verwendeten Symbolen, da beide mehrdeutige Symbole darstellen, die interpretiert werden müssen, was eine spezielle Lektüre und Ausbildung erforderten, um zu wissen, wie diese Symbole zu interpretieren sind.

Es gibt Tausende von Unterschieden, aber einer der wichtigsten ist, dass, während im Tarot die Symbole sind vollkommen verständlich auf den ersten Blick, wobei figurative Karten, obwohl es notwendig ist, zu wissen, wie man sie gut zu interpretieren, in der Astrologie beobachten wir ein abstraktes System, das notwendig ist, um zu wissen, vorher zu interpretieren, und natürlich muss gesagt werden, dass, obwohl wir erkennen können, die Tarot-Karten, jeder kann nicht interpretieren sie richtig.

Die Deutung ist auch ein Unterschied zwischen den beiden Disziplinen, denn während des Tarots keinen genauen Zeitbezug hat, da die Karten nur dank der im entsprechenden Legesystem gestellten Fragen zeitlich eingeordnet werden, bezieht sich die Astrologie auf eine bestimmte Stellung der Planeten in der Geschichte, und die von beiden verwendeten Deutungssysteme sind diametral entgegengesetzt.

Das Horoskop ist die Grundlage der Astrologie und der wichtigste Aspekt bei der Erstellung von

Vorhersagen. Das Horoskop muss perfekt ausgearbeitet sein, damit die Lesung erfolgreich ist und man mehr über die Person erfährt.

Um ein Geburtshoroskop zu erstellen, muss man alle Daten über die Geburt der betreffenden Person kennen.

Sie muss genau bekannt sein, von der genauen Zeit, zu der sie geliefert wurde, bis zu dem Ort, an dem sie durchgeführt wurde.

Die Stellung der Planeten zum Zeitpunkt der Geburt verrät dem Astrologen die Punkte, die er für die Erstellung des Geburtshoroskops benötigt.

In der Astrologie geht es nicht nur darum, die Zukunft zu kennen, sondern auch darum, die wichtigen Punkte Ihrer Existenz, sowohl in der Gegenwart als auch in der Vergangenheit, zu kennen, um bessere Entscheidungen für Ihre Zukunft zu treffen.

Die Astrologie hilft Ihnen, sich selbst besser kennenzulernen, so dass Sie die Dinge, die Sie blockieren, ändern oder Ihre Qualitäten verbessern können.

Und wenn das Horoskop die Grundlage der Astrologie ist, so ist die Tarot-Lesung für die letztere Disziplin grundlegend. Wie derjenige, der Ihnen das astrologische Horoskop macht, wird der Seher, der Ihnen die Tarot-Lesung macht, der Schlüssel zum

Erfolg Ihrer Lesung sein, so ist es am besten für Tarot-Leser empfohlen zu fragen, und obwohl sicherlich können Sie nicht speziell auf alle Fragen, die Sie fragen sich in Ihrem Leben zu beantworten, eine korrekte Lesung der Tarot-Streuung, und die Karten, die in der Rolle kommen, wird Ihnen helfen, über die Entscheidungen, die Sie in Ihrem Leben machen.

Zusammenfassend lässt sich sagen, dass Astrologie und Tarot sich der Symbolik bedienen, aber die Hauptfrage ist, wie all diese Symbolik interpretiert wird.

Eine Person, die beide Techniken beherrscht, wird zweifellos eine große Hilfe für die Menschen sein, die sie um Rat fragen.

Aszendent in Steinbock

Der Aszendent im Steinbock hat eine starke Ethik und Moral. Sie sind ernsthafte Menschen, die sich in der Regel von Gesetzen und festgelegten Richtlinien leiten lassen.

Sie scheinen die Fähigkeit zu haben, alles zu lösen, was sie sich in den Kopf setzen, und dass sie verantwortungsbewusst genug für jede Position sind, die Verantwortung erfordert. Dies wird fälschlicherweise für ein kaltes Auftreten gehalten, was nicht stimmt.

Manche haben Probleme mit dem Selbstwertgefühl, sind von ihren Fähigkeiten überzeugt oder unsicher. Dieser Mangel an Selbstwertgefühl führt dazu, dass sie Kommentare oder Kritik von anderen nicht akzeptieren, selbst wenn sie in gutem Glauben sind.

Der Aszendent im Steinbock hat das Bedürfnis, sich zu behaupten, und in vielen Fällen braucht er Bestätigung von außen.

Sie sind sich der Welt um sie herum bewusst und wissen, wie man die Freuden des Lebens genießt. Sie stehen mit den Füßen auf dem Boden der Tatsachen.

Wenn dieser Aszendent eine stabile Beziehung eingeht, ist er fürsorglich und empfänglich für die emotionalen Bedürfnisse seines Partners.

Sie sind Experten in Sachen Organisation und Zeitmanagement, setzen sich klare Ziele und können diese auch erreichen.

Widder - Aszendent Steinbock

Widder-Aszendent-Steinbock sind sehr umsichtig und zeichnen sich dadurch aus, dass sie alle Schritte akribisch planen und mit Bedacht ausführen. Sie beginnen ihr Leben von Kindheit an zu planen und arbeiten hart, bis sie ihre Ziele erreicht haben.

Der Pragmatismus des Steinbocks und das Feuer des Widders verleihen ihnen Selbstbeherrschung in ihren gefühlvollen Beziehungen. Sie sind Menschen, die distanziert wirken, aber wenn jemand liebevoll und einfühlsam ist, erobern sie ihn sofort.

Stier - Aszendent Steinbock

Stier-Aszendent-Steinbock sind Menschen, die ihre Ziele verfolgen und nicht aufhören, bis sie sie erreicht haben.

Im Geschäft sind sie professionell und haben viel Geduld, und auch wenn sie langsam sind, erreichen sie, was sie sich vorgenommen haben.

Dieser Aszendent schätzt Ehrlichkeit und Großzügigkeit in seinen gefühlsbetonten Beziehungen sehr, und er versucht immer, die Leidenschaft zu bewahren.

Manchmal kann dieser Aszendent in seinen Beziehungen zu impertinent werden und Frustrationen verursachen.

Zwillinge - Aszendent Steinbock
Zwillinge mit Steinbock-Aszendent sind eine ausgeglichene und magnetische Person mit einem pragmatischen Verstand.

Sie sind gesellige Menschen, die sich mit Leib und Seele ihrer Arbeit widmen. Sie können sehr gut in Führungspositionen arbeiten.

Die Ernsthaftigkeit der Steinböcke in sentimentalen Beziehungen kollidiert mit der Instabilität der Zwillinge, weshalb es für sie schwierig ist, einen Partner zu finden, der all ihren Ansprüchen gerecht wird.

Gelegentlich können sie übermäßig kritisch sein und eine negative Haltung einnehmen.

Krebs - Steinbock-Aszendent
Krebs-Aszendent-Steinbock ist ein sanfter, loyaler und sensibler Mensch.

Für sie ist es sehr einfach, einen Partner zu finden, und die Familie ist für sie der Schlüssel zur Erfüllung.

Bei der Arbeit sind sie unbeständig, streben aber nach Erfolg. In ihren Beziehungen sind sie sehr darauf bedacht, ihre Familienrolle zu erfüllen.

Oft konzentrieren sie sich zu sehr auf die Arbeit und vernachlässigen ihre emotionale Seite und ziehen sich in die Einsamkeit zurück.

Löwe - Aszendent Steinbock

Löwe-Aszendent-Steinbock sind attraktive Menschen mit einem sehr starken Charakter. Bei der Arbeit sind sie sehr verantwortungsbewusst, und wenn sie sich für das einsetzen, was sie tun, können sie es schaffen, auch wenn sie vor tausenden von Herausforderungen stehen.

In ihren romantischen Beziehungen möchten sie bewundert und akzeptiert werden, daher gehen sie nur dann eine Beziehung ein, wenn sie sicher sind, dass diese auf Gegenseitigkeit beruht.

Diese Menschen können von Gier getrieben und von Macht verführt werden.

Jungfrau - Aszendent Steinbock

Jungfrau-Aszendent-Steinbock sind sehr klar über ihre Ziele und lassen sich nie von leeren Versprechungen hinreißen. Sie haben eine große geistige Kapazität, und in ihrer Arbeit, sie sind praktisch, pünktlich, reif, und was sie vorschlagen, sie zu erreichen.

In ihren Liebesbeziehungen müssen sie alles kontrollieren, was zu Unsicherheiten führt. Einige sind arrogant.

Waage - Aszendent Steinbock

Waagen mit Steinbock-Aszendent sind verantwortungsbewusste Menschen und süchtig nach Geselligkeit.

Bei der Arbeit zeichnen sie sich durch ihr Engagement aus, sie haben immer klare und gut festgelegte Ziele.

In der Liebe sind sie feige oder schüchtern, ihre Gefühle auszudrücken. Sie möchten ein ruhiges Leben führen, mit einem Partner, der sie ergänzt, fürchten aber Ablehnung.

Diese Menschen sehnen sich manchmal nach Macht und geben affektive Beziehungen auf.

Skorpion - Aszendent Steinbock

Skorpion-Aszendent-Steinbock sind Menschen, die gerne in Gesellschaft sind, aber ihre Individualität sehr schätzen.

Bei der Arbeit sind sie fleißig und konzentrieren sich vollkommen darauf, voranzukommen und ihre Ziele zu erreichen.

In sentimentalen Beziehungen sind sie materialistisch, und es fällt ihnen schwer, ihre Gefühle zu zeigen. Geduld mit ihnen zu haben, ist die Formel für eine zufriedenstellende Beziehung.

Manchmal sind diese Menschen negativ und geraten in eine Abhängigkeit.

Schütze - Aszendent Steinbock

Schütze-Aszendent-Steinbock sind philanthropische und emotional reife Menschen.

Bei der Arbeit sind sie engagiert und übernehmen ihre Verantwortung, wobei sie ihr Engagement und ihre Hingabe für jedes Ziel, das sie sich setzen, unter Beweis stellen.

In ihren affektiven Beziehungen sind sie sehr zurückhaltend, und es fällt ihnen schwer, Bindungen einzugehen, weil sie dazu neigen, platonische Beziehungen zu idealisieren. Sie fühlen sich zu *komplizierten Menschen hingezogen, in der Hoffnung, deren Liebe zu gewinnen.*

Sie können übermäßig kritisch sein und sich von den Vergnügungen des Lebens mitreißen lassen.

Steinbock - Steinbock-Aszendent

Steinbock-Aszendent Steinböcke sind Menschen mit einem sehr hohen Selbstwertgefühl und sind pragmatisch.

Bei der Arbeit sind sie ständig motiviert und streben nach Erfolg in ihrem Beruf. Sie setzen Prioritäten bei der Arbeit und sind Perfektionisten.

Im sentimentalen Bereich sind sie anspruchsvoll, aber wenn sie jemanden finden, der treu ist, geben sie alles, um sich um die Beziehung zu kümmern.

Wassermann - Aszendent Steinbock

Wassermann-Aszendent-Steinbock sind Menschen, die eine seltene Kombination von Logik und Gefühl haben. Diese Menschen sind in jeder Hinsicht unabhängig, sie sind erfolgreich und geschickt.

Im beruflichen Bereich zeichnen sie sich durch ihre Kreativität aus, sie sind sehr unternehmungslustig, auch wenn sie sich manchmal zu riskanten Geschäften hinreißen lassen.

In ihren gefühlsbetonten Beziehungen zeigen sie manchmal absurde Haltungen, weil sie Stabilität wollen, aber gleichzeitig frei sein und Abenteuer erleben wollen. Aus diesem Grund ist es für sie schwierig, eine Beziehung zu formalisieren.

Fische - Aszendent Steinbock

Fische-Aszendent-Steinbock sind sehr intuitive und rationale Menschen. In ihrem Beruf bauen sie Bindungen zu ihren Arbeitskollegen auf, was sie in ihrer Karriere schnell voranbringt.

In ihren Liebesbeziehungen sind sie reif und verantwortungsbewusst, aber manchmal vertrauen sie der falschen Person.

Saturn in den Fischen, eines der wichtigsten astrologischen Ereignisse.

Der 7. März 2023 war einer der wichtigsten Tage im astrologischen Kalender dieses Jahres. Saturn, der strenge Lehrer und Herr des Karmas, kollidierte mit den Fischen, den Träumern. Dieser Transit von Saturn in den Fischen, der bis Februar 2026 andauern wird, war keine willkommene Mischung.

Saturn ist ein Planet der Verantwortung und der strengen Autorität, er diszipliniert und strukturiert uns auf seinem Weg durch den Tierkreis. Saturn will sicherstellen, dass wir unsere Ziele erreichen, und wenn dieser Planet durch die Fische, das spirituellste Zeichen, wandert, werden einige wichtige Vorschläge auf uns zukommen.

Pluto und Saturn, die sich in einem solchen Einklang bewegen, werden einen gigantischen energetischen Vulkan auslösen, der garantiert eine unvergessliche Zeit sein wird. Das mag wie eine Formel für einen Kampf klingen, aber diese energetische Kombination kann effektiv und gewinnbringend sein.

Saturn ist in den Fischen nicht zufrieden. Es ist schwierig für ihn, Strukturen zu gründen und die Realität aufzubauen, wenn sich alles verschiebt. Fische ist ein duales Zeichen, es kann sich also auf entgegengesetzte Weise ausdrücken; es kann sowohl *transzendental als auch praktisch sein. Es besteht die Möglichkeit, dass Saturn in den Fischen auf den Bau von Formen über oder unter dem Wasser hinweist, oder auf die Beherrschung des Wassers, wie z. B. Pipelines, Aquädukte und Häfen. Er kann aber auch den Zusammenbruch dieser Strukturen aufgrund von Wirbelstürmen oder struktureller Brüchigkeit aufzeigen.*

Der Archetypus der Fische steht im Widerspruch zu Saturn. Er steht für Utopie, Kreativität, Spiritualität und Esoterik, aber auch für Träume, Illusionen, Lügen und Eskapismus. Er symbolisiert das Streben, wie das Meer zu fließen und Grenzen und Beschränkungen zu überwinden.

Der letzte Saturn-Transit in den Fischen fand von Mai 1993 bis April 1996 statt. In dieser Phase traten die Folgen des Zusammenbruchs der Sowjetunion im Jahr 1989 auf, der weltweit Nachwirkungen hatte und die russische Wirtschaft zusammenbrechen ließ. Russland führte 1994 den ersten Tschetschenienkrieg, der bis 1996 andauerte.

Der Internationale Strafgerichtshof für das ehemalige Jugoslawien wurde im Mai 1993 in Den Haag eingerichtet, um Kriegsverbrechen zu verfolgen, die während der jugoslawischen Kriegshandlungen Anfang der 1990er Jahre begangen wurden.

Der Bosnienkrieg zwischen Kroaten, Bosniern und Serben hingegen war von Grausamkeiten, ethnischen Säuberungen und zahlreichen Hinrichtungen geprägt. Der Krieg endete 1995, und die meisten bosnisch-serbischen Befehlshaber wurden wegen Völkermordes und Verbrechen gegen die Menschlichkeit verurteilt. 1994 begann der Völkermord in Ruanda, als Hutu-Banden mehr als 700.000 Tutsi ermordeten und unzählige Frauen während des Massakers vergewaltigt wurden, das schließlich im Juli endete. Die Abrüstungskrise im Irak nach dem Ende des ersten Golfkriegs wurde mit viel Lärm und ohne Vertrauen zwischen den Beteiligten ausgetragen. In der Schweiz verübte eine Sekte namens "Orden des Sonnentempels" eine Reihe von Verbrechen und Massenselbstmorden, und hier in den Vereinigten Staaten ermordete Timothy McVeigh 168 Menschen bei dem Bombenanschlag in Oklahoma City.

Während dieses Transits von Saturn durch die Fische wurde, O.J. Simpson wegen Mordes an seiner Ex-Frau und seinem Freund verhaftet und nach einem langwierigen Prozess, der ein ziemliches Hollywood-Spektakel darstellte, freigelassen.

In London wurde Fred West und seine Frau Rose inhaftiert, nachdem in ihrem Garten die Leichen mehrerer Mordopfer gefunden worden waren.

In Südafrika fanden die ersten rassenübergreifenden Wahlen statt, und Nelson Mandela wurde zum

Präsidenten gewählt, der später die Todesstrafe in diesem Land abschaffte. Russland und China unterzeichneten ein Abkommen, sich nicht mehr gegenseitig mit ihren Atomwaffen zu provozieren, und der Atomwaffensperrvertrag wurde von 170 Ländern endlos erweitert. In Australien einigte man sich auf die Entschädigung der Ureinwohner, die während der Atomtests in den 1950er und 1960er Jahren vertrieben wurden.

Zu den weiteren Ereignissen während des Transits von Saturn in den Fischen gehören religiöse Strömungen, ideologische Bewegungen wie Sozialismus und Linksextremismus, die Übertragung von Krankheiten und Seuchen, zerstörerische Verhaltensweisen, die durch Panik ausgelöst werden, eine Zunahme des Drogenkonsums und die Entwicklung aller Arten von Kunst sowie die Mittel des Seeverkehrs.

Saturn in den Fischen wird dafür sorgen, dass wir uns nicht mit Spiritualität oder Angst vor bestimmten Konflikten drücken können, denen wir uns stellen müssen. Wir können meditieren, hundert Jahre in Tibet verbringen und die mächtigsten Mantras des Universums verwenden, aber irgendwann müssen wir auch handeln.

In den letzten Jahren, in denen Saturn den Wassermann durchquert hat, war es notwendig, sich auf die Individualität zu konzentrieren und aufrichtiger zu sein, anstatt den Zwang der Menschen um uns herum zu tolerieren. Obwohl Wassermann ein Zeichen ist, das dafür bekannt ist, nach seinem eigenen Rhythmus zu tanzen, hat Saturn uns dazu gebracht, mit uns selbst allein zu sein (erinnern Sie sich an die Einschränkungen während der Pandemie) und zu schauen, wo wir uns selbst platzieren können, um gesunde Grenzen zu schaffen.

All diese Lektionen haben uns auf das vorbereitet, was uns mit Saturn in den Fischen bevorsteht. Wir werden anfangen, sensibler damit umzugehen, wie wir Spiritualität in unser tägliches Leben einbringen können, während wir gleichzeitig ein Verständnis dafür bewahren, wie wir uns selbst strukturieren können. Viele Menschen werden Religionen oder Dogmen aufgeben oder in Frage stellen.

Natürlich gibt es viele, die diese Zeit nicht genießen werden. Dazu gehören religiöse Führer und diejenigen, die Verschwörungstheorien verbreiten. Es wird zu Konflikten zwischen Menschen unterschiedlicher Religionen kommen, und es wird viele Tendenzen geben, zu versuchen, das zu beherrschen, was andere zu glauben wählen.

Wir müssen akzeptieren, dass, nur weil andere nicht mit unseren Überzeugungen übereinstimmen, dies nicht bedeutet, dass sie falsch sind. Es bedeutet lediglich, dass ihre Ansichten anders sind, denn schließlich stehen die Fische für Exklusivität. Etwas, das uns fehlt.

Da Fische und Neptun die Unterhaltungsbranche regieren, werden große Studios und Plattenfirmen schließen, und viele Künstler, die mit diesen Studios verbunden waren, werden beschließen, ihre eigenen zu gründen. Wenn Sie ein Künstler sind, liegt es in Ihrem besten Interesse, Ihre Arbeit gewinnbringend zu nutzen, anstatt den großen Unternehmen an der Spitze die Dividenden zu überlassen.

Es wird weniger Interesse an Spezialeffekten geben und eine stärkere Ausrichtung auf in sich geschlossene Filme und Themen, die den Alltag widerspiegeln. Wir werden die Schönheit um uns herum schätzen und weniger vom Glamour motiviert sein.

Karma wird oft als etwas Böses angesehen, aber zu ernten, was man gesät hat, ist nicht schlimm, wenn man sich gut verhalten hat. Die Arbeit mit unserem karmischen und unterbewussten Gepäck, das Verstehen der Vergangenheit und die Bereitschaft, loszulassen, sind entscheidend, um diesen Transit zu bewältigen und erfolgreich aus ihm herauszukommen.

Wenn du dich davor drückst, wird Saturn dich bestrafen, aber wenn du dich darauf einlässt, wirst du an einen Ort gelangen, der für etwas Großes prädestiniert ist.

Die Stellung von Saturn in unserem Geburtshoroskop zeigt an, wo wir gezwungen sind, die Kontrolle über die Realität zu gewinnen und größere Verantwortung zu übernehmen. Fische ist das letzte Zeichen des Tierkreises, so dass Saturns Bewegung hier auch einen End- oder Abschlusspunkt für einen viel größeren Zyklus anzeigen.

Fische ist ein Wasserzeichen, das für Licht, Dunkelheit und die unsichtbaren Welten steht. Es ist bekannt für seine abstrakten Ideen und seine Kreativität. Fische sind wandelbar, das heißt, sie sind anpassungsfähig und offen für die Energien der Welt um sie herum. Saturn ist eine sehr solide Energie. Er herrscht über Gesetz, Verantwortung und Einschränkungen, und seine Energie kann sich manchmal wie ein Weckruf anfühlen, der uns in die Realität zurückholt und uns die Konsequenzen unseres Handelns vor Augen führt.

Die Anwesenheit von Saturn in den Fischen könnte sich dadurch etwas schwer anfühlen, da die normalerweise wässrige, intuitive und sensible Energie der Fische gezwungen sein wird, etwas zurückhaltender zu werden.

Um es besser zu verstehen, kann man es sich so vorstellen: Wenn Fische ein sanft fließendes Wasser sind, wird die Anwesenheit von Saturn Dämme bauen, und diese Dämme können das Wasser in eine produktive und vorteilhafte Richtung lenken, aber es kann sich auch eher bedrückend oder kontrollierend anfühlen. Es gibt jedoch eine Möglichkeit, ein Gleichgewicht zwischen diesen beiden Energien herzustellen, da die kreativen, nicht greifbaren und äußeren Ideen der Fische-Energie dank Saturn einige Wurzeln schlagen können.

Saturn hat eine praktische Energie, und wenn wir diese mit der Kreativität der Fische kombinieren, können wir ein Gleichgewicht erreichen, das uns hilft, unsere kreativen Ideen zum Leben zu erwecken oder sie sogar in ein Unternehmen zu verwandeln.

Fische sind auch mit Religion und Spiritualität verbunden, so dass sich mit Saturn viele Fragen rund um Religion und Spiritualität stellen könnten und wie diese mit den Regeln, die die Gesellschaft regieren, zusammenhängen. Auch die spirituelle Industrie könnte unter dieser Energie einen Weckruf erhalten, oder auf einer persönlichen Ebene werden sich Ihre eigenen Einstellungen und Überzeugungen bezüglich Ihrer spirituellen oder religiösen Verbindung ändern.

Was Saturn von uns will, ist, dass wir die Verantwortung für unser Leben übernehmen und in Übereinstimmung mit unserem authentischen Selbst handeln. Saturn mag uns Grenzen und Beschränkungen auferlegen, die uns das Gefühl geben, gefangen zu sein oder unterdrückt zu werden, aber dies geschieht nur, damit wir uns die Zeit nehmen können, um herauszufinden, was wir wirklich wollen und wofür wir bereit sind zu stehen.

Nachfolgend können Sie eine Zusammenfassung dessen lesen, was der Transit von Saturn in den Fischen für Ihr Tierkreiszeichen bringen wird. Wenn du mehr aus all diesen Informationen herausholen willst, empfehle ich dir, diejenige für dein Aszendenten Zeichen zu lesen, wenn du es kennst, und dann die Interpretationen zu mischen.

Eine weitere Möglichkeit, mehr über diesen kraftvollen Planetentransit zu erfahren, besteht darin, über die Themen nachzudenken, die sich in Ihrem Leben entwickelt haben, als Saturn das letzte Mal in den Fischen war, nämlich von 1994 bis 1996, um zusätzliche Informationen darüber zu erhalten, was dieser Zyklus Ihnen bringen kann.

Wie wirkt sich das auf das Zeichen Steinbock aus?

Saturn in den Fischen aktiviert dein Kehl Chakra und die Art und Weise, wie du dich ausdrückst. Du bist eine sehr tiefe Seele, und ein Großteil Deiner Weisheit kommt von innen.

Diese Weisheit ist etwas, das Sie am liebsten für sich behalten, aber unter dieser Energie werden Sie lernen, wie und wann Sie das, was Sie gefunden haben, weitergeben können.

Sie werden lernen, die Quelle des Wissens, die in Ihnen fließt, zu nutzen und mit der Welt zu teilen.

Während Sie diesen Prozess durchlaufen, sind Sie vielleicht anfangs etwas unsicher, wie Sie Ihre Stimme erheben sollen. Vielleicht haben Sie das Gefühl, nicht sprechen zu können oder nicht in der Lage zu sein, Ihren Mitmenschen wirklich mitzuteilen, was Sie wollen.

Wenn dieses Gefühl auftaucht, denken Sie daran, dass es ein Zeichen dafür ist, dass Sie nach innen gehen und sich besser mit Ihren wahren Gefühlen verbinden müssen. Sie müssen selbstbewusster werden, mehr und mehr von sich selbst überzeugt sein.

Sie müssen Ihr Selbstvertrauen aufbauen, und dadurch werden Sie lernen, Ihre Stimme zu finden. Manchmal ist der beste Weg, sich darin zu üben, seine Weisheit zu bestätigen und mit anderen zu teilen, es einfach zu tun und zu sehen, was passiert.

Das könnte also eine Taktik sein, die Sie ausprobieren können, aber mit Saturn in der Nähe werden Sie wahrscheinlich mehr Fortschritte machen, wenn Sie langsame, überlegte und methodische Schritte machen.

Kommunikation ist ein umfassendes Thema, das sich darauf erstrecken kann, wie man mit anderen spricht, wie man mit sich selbst spricht, wie man mit anderen und der Welt um sich herum in Verbindung tritt und wie man sich der Welt präsentiert.

Kommunikation ist eine der schwierigsten Fähigkeiten, die es zu entwickeln gilt. Wir alle haben unseren eigenen Kommunikationsstil, und wir alle haben unsere eigenen Ansichten über die Welt, aber zu lernen, ein aufmerksamerer Kommunikator zu sein, ist etwas, das Saturn in Fische in Ihnen anregen wird.

Saturn ist dein herrschender Planet, daher wirst du seine Bewegungen immer stark spüren, aber du bist schon sehr an seine Energie gewöhnt. Das bedeutet, dass du bereits ein guter Schüler bist und weißt, wie du mit ihr umgehen kannst.

Saturn will, dass wir die Verantwortung für die Dinge übernehmen, will, dass wir die Dinge von einer geerdeten und praktischen Ebene aus betrachten, und will, dass wir uns auf das Schwarz und Weiß konzentrieren, damit wir eine logische Entscheidung treffen können.

Dies alles ist sehr stark auf die Energie und die Motive von Saturn ausgerichtet, aber wenn es um Kommunikation geht, ist es nicht immer schwarz und weiß, es gibt eine Menge Grautöne, und das ist auch das, was Sie lernen, zu navigieren.

Jeder wird seine eigene Meinung und seine eigene Version der Ereignisse haben; jeder wird auch seine eigenen Gefühle haben, und diese Gefühle werden auch die Art und Weise, wie er die Dinge sieht, trüben.

Man kann niemanden dazu zwingen, die Welt so zu sehen, wie man sie sieht, oder die wahre und reine Absicht in jedem Wort zu hören, das man sagt.

Die Menschen werden ihre eigenen Standpunkte haben, die sich für sie sehr real anfühlen werden, auch wenn sie sich für Sie nicht real anfühlen. Hier beginnt der Lernprozess. Dieses Beispiel ist zwar wörtlich zu nehmen, aber vielleicht ist Ihre Reise etwas subtiler als das.

Es können nur kleine Dinge sein; es kann sein, dass du die Auswirkungen von Saturn in deinem Kehl Chakra oder in deinen Energiezentren nur auf kleine Weise bemerkst.

Aber was auch immer passiert, wenn Saturn seine Reise durch die Fische beendet, werden Sie ein besserer, aufmerksamerer Kommunikator sein und viel mehr Selbstvertrauen haben, wenn es darum geht, anderen, sich selbst und der Welt um Sie herum Ihre Meinung mitzuteilen.

Das Mitteilen Ihrer Stimme kann Ihnen helfen, sich selbstbewusster zu fühlen und sich von der Masse abzuheben, es kann Ihnen helfen, sich bei der Arbeit hervorzutun und in Führungspositionen aufzusteigen.

Es gibt viele Möglichkeiten, wie sich diese Energie in eurem Leben manifestieren kann.

Wenn Ihnen also die Sprache verschlägt, wenn Sie das Gefühl haben, dass es schwierig ist, sich auszudrücken, oder dass niemand Sie versteht, dann erkennen Sie, dass Sie sich in Saturns Werk befinden, erkennen Sie, dass Sie sich durch eine große Lebenslektion bewegen und dass Sie genau dort sind, wo Sie sein müssen.

Saturn kann manchmal Gefühle der Einsamkeit oder Abgeschiedenheit verstärken, Sie fühlen sich unter diesem Transit vielleicht von der Welt isoliert, aber diese Pause, diese Zeit des Alleinseins ist einfach dazu da, Ihnen zu helfen, zu entdecken, wer Sie sind.

Saturn möchte, dass du die Verantwortung für dein Leben und deine Wünsche übernimmst, aber zuerst musst du herausfinden, was du willst.

Saturn braucht zwei Jahre, um sich durch die Fische zu bewegen, und Saturn lässt sich gerne Zeit. Saturn bevorzugt keine großen, kühnen Schritte, sondern kleine, die man nach und nach und Tag für Tag ausbauen kann.

Dies wird eine langsame, methodische Arbeit sein, aber Sie werden es schaffen.

Du wirst am Ende dieser Reise ankommen, und du wirst auf der anderen Seite viel reifer sein als zuvor. Saturn ist der Herrscher über unseren Seelenvertrag und will sicherstellen, dass wir nach unserem Seelenplan leben.

Was auch immer sich unter dem Bann von Saturn manifestiert, soll uns einfach näher an ein Leben bringen, das näher am Geist ist und näher an dem, was unsere Seele während ihrer Zeit hier tun wollte.

Saturn in den Fischen, der an der Kommunikation arbeitet, mag anfangs etwas seltsam erscheinen, aber das ist es, was Sie jetzt brauchen, um Ihrem Seelenvertrag immer näher zu kommen.

Unter Saturn in den Fischen solltest du aufpassen, was du sagst, zu deinem Wort stehen und die Verantwortung für alles übernehmen, was du gesagt und mit anderen geteilt hast. Unsere gesprochenen und geschriebenen Worte sind mächtig, und Saturn sorgt dafür, dass wir die Verantwortung dafür übernehmen.

Wenn wir etwas Unangenehmes mitgeteilt haben, müssen wir vielleicht Schadensbegrenzung betreiben oder uns den Worten stellen, die wir geschrieben haben. Wenn wir eine brillante und schöne Weisheit mitgeteilt haben, bekommen wir vielleicht einen Buchvertrag oder es werden mehr Menschen gezwungen, das zu lesen und zu verfolgen, was wir zu sagen haben.

Es gibt viele Wege, wie sich dies manifestieren kann, aber denken Sie daran, dass Ihre Kommunikationsfähigkeiten ein mächtiges Werkzeug sind und Ihnen helfen können, die nächste Stufe Ihrer Reise zu erreichen.

Wenn Sie in irgendeinem kommunikativen Bereich tätig sind, ist dies auch ein positives Zeichen dafür, dass Sie mit Ihrer Arbeit eine stärkere und mächtigere Position einnehmen.

Vertraue dem Prozess, und vergiss nicht, dass dein Kehlkopf Chakra leuchten wird, wenn Saturn in den Fischen endet.

Freundschaft unter astrologischen Gesichtspunkten

Freundschaft ist eine der wunderbarsten menschlichen Verbindungen, ein Freund ist der Schutz in unseren Sorgen und mit dem wir Momente der Freude teilen.

Manche Freundschaften entstehen sofort, während andere Jahre brauchen, um sich zu festigen. Sie beruhen auf Gegenseitigkeit und Engagement.

In unserer Zeit ist es schwierig, einen wahren Freund zu finden, denn wir leben in einer Gesellschaft, in der fast jeder von irgendetwas profitieren will, und wenn wir einen finden, klammern wir uns an ihn.

Es ist wichtig, sich daran zu erinnern, dass jeder Mensch, der unseren Weg kreuzt, ob gut oder schlecht, uns eine wichtige Lektion erteilt, die wir lernen können.

Wenn es um Freundschaft geht, hat die Astrologie, wie immer so faszinierend, eine Menge zu sagen. Wir legen nicht alle den gleichen Wert auf Freundschaft in unserem Leben, und wir sind nicht gleichermaßen mit unseren Freunden verbunden.

Der Widder ist ein *sehr großzügiges und spontanes Zeichen. Es ist die Art von Freund, der in guten und schlechten Zeiten ist. Mit ihnen leben Sie Abenteuer und verrückte Tage. Der Widder lässt manchmal zu, dass sein Temperament seine wahren Qualitäten trübt,* *aber am Ende sind sie Menschen, denen man vertrauen kann. Waage und Wassermann sind die besten Verbündeten des Widders.*

***Taurus**, die hartnäckigsten Freunde, aber die zuverlässigsten. Taurus Freundschaft überwindet jeden Rückschlag und transzendiert die Barrieren der Zeit. Sie sind engagiert, loyal, konstante Freunde und gute Berater. Manchmal auch besitzergreifend und eifersüchtig. Die besten Verbündeten des Stieres sind Steinbock und Krebs.*

***Zwillinge** sind superlustig und haben immer viele Freunde. Er ist ein bisschen unbeständig und redselig, daher ist er unzuverlässig. Bei ihnen geht es darum, mit dem Strom zu schwimmen und sich an ihr vielseitiges Verhalten zu gewöhnen. Die Freundschaften der Zwillinge müssen eine intellektuelle Verbindung haben, daher sind Waage und Löwe seine besten Verbündeten.*

***Krebs**, ihre Gruppe von Freunden ist sehr klein, weil sie Angst vor der Öffnung zu anderen sind. Es ist ein supersentimental, großzügig, und schützende Freund. Sie sind immer bereit, Ihnen ihre Schulter anzubieten, um Ihre Sorgen zu lindern. Wenn du ihr Freund bist, gehörst du zu ihrer Familie. Die besten Verbündeten des Krebses sind Jungfrau und Fische.*

***Leo** ist charismatisch, lustig und warmherzig. Er ist sehr loyal und opfert sich für seine Freunde auf.*

Aufgrund ihrer magnetischen Ausstrahlung ziehen sie viele Freunde an. Sie tun gerne Gefallen und geben, ohne eine Gegenleistung zu erwarten. Ihr Wettbewerbsgeist und ihre Selbstbezogenheit sind jedoch ihre Achillesferse, sie brauchen bescheidene und geduldige Freunde. Ihre besten Verbündeten sind Steinbock und Schütze.

Jungfrau*, Perfektion erstreckt sich auch auf diesen Bereich. Sie sind anspruchsvoll und wählerisch. Sie ignorieren ihre persönlichen Probleme, um ihren Freunden unter die Arme zu greifen. Sie sind umgänglich und diskret. Manchmal ziehen sie sich gerne in ihre eigene Welt zurück und lassen niemanden in sie hinein. Die besten Verbündeten der Jungfrau sind Krebs und Skorpion.*

Waagen *sind harmonisch, heiter und ruhig. Sie verstehen es, mit ihren Freunden Spaß zu haben, sie lieben es, von Freunden umgeben zu sein, und dank ihrer diplomatischen Fähigkeiten wissen sie, wie sie die Probleme ihrer Freunde lösen können. Wenn sie eine Freundschaft schließen, dann ist sie echt. Die besten Verbündeten der Waage sind Schütze und Wassermann.*

Skorpion*, ihre Haltung ist ehrenhaft und aufrecht. Eifersüchtig und besitzergreifend auf ihre Freunde, ist ein Skorpion unter deinen Freunden ein Synonym für absolute Unterstützung. Der Skorpion ist einer der loyalsten Freunde, die man im Laufe seines Lebens* finden kann, ein sehr guter Berater. Die besten Verbündeten des Skorpions sind Jungfrau und Steinbock.

Schütze, einen Freund dieses Zeichens zu haben, ist wie ein Glücksfall. Ihre Freundschaft ist eine der aufrichtigsten, reinsten und edelsten des ganzen Tierkreises. Der Schütze tut alles für seine Freunde. Sie besitzen die Fähigkeit, viele Freundschaften zu schließen und können Probleme lösen, sie sind beschützend. Die besten Verbündeten sind Waage und Zwillinge.

Steinböcke haben es nicht leicht, Freunde zu finden, denn sie sind sehr vorsichtig und zurückhaltend. Sie neigen dazu, nach Freundschaften zu suchen, die lange halten, weil sie wissen, wie wichtig diese Bindungen im Leben sind. Wenn es ihm gelingt, eine Verbindung herzustellen, ist er loyal. Sie mögen es, wenn man ihnen zuhört und ihre Ratschläge nicht ignoriert werden. Seine besten Verbündeten sind Stier und Jungfrau.

Der Wassermann ist der perfekte Freund, respektiert das Privatleben seiner Freunde und ist diskret. Sie sind sehr großzügig mit denen, die sie wirklich schätzen. Aber was sie nicht widerstehen, ist, dass jemand versucht, ihre Freiheit zu behindern, weil sie sehr unabhängig sind. Ein Wassermann-Freund ist ein echter Schatz, um den man sich kümmern muss, denn er gibt immer sein Bestes, ohne eine Gegenleistung zu verlangen. Ihre besten Verbündeten sind Waage und Widder.

Fische, der Frieden, der von diesem Zeichen ausstrahlt, ist ein Magnet, um Freunde anzuziehen. Es ist süß und treu, so dass sie eine unvergleichliche Empathie zu erzeugen. Sie sind aufrichtig und drücken sich mit dem Herzen in den Händen, aber sie verlangen, dass andere zu erwidern. Sie haben das Bedürfnis, allein zu sein und nachzudenken, daher ist es wahrscheinlich, dass sie nicht so viel Zeit mit ihren Freunden verbringen. Ihre besten Verbündeten sind Stier und Skorpion.

Die Hilfe des Universums bei der Berufswahl

Wir sind, was wir tun, die Arbeit nimmt mehr Zeit in Anspruch als jede andere Tätigkeit, und fast jede Tätigkeit in unserem Leben ist mit der Arbeit verbunden.

Unser sozialer Status wird mehr als alles andere durch unseren Beruf und unsere Stellung darin bestimmt. Was machen Sie beruflich, oder was ist Ihr Beruf, sind Fragen, die danach kommen: Wie ist Ihr Name? Die Antwort ist fast schon enzyklopädisch, denn sie beschreibt Ihre Ausbildung, Ihr Einkommen, Ihr Kommunikationsniveau, Ihre politischen und sogar spirituellen Neigungen, Ihre Vorstellungskraft, Ihre Art zu denken usw.

Im Grunde ist es die Frage, die den Beginn einer Beziehung bestimmt, die wir wie folgt übersetzen würden: Über welche Ressourcen verfügen Sie, die mir zugutekommen?

In unserer heutigen Kultur gibt es eine schier unendliche, wenn auch verwirrende Vielfalt von Berufen, die angeboten werden. Um die Wahl zwischen so vielen Optionen zu erleichtern, gibt es die Berufsastrologie, eine wichtige Spezialität und Dienstleistung in unserem Bereich, wobei die häufigsten Anliegen der Klienten die Liebe und die Arbeit sind.

Das Berufshoroskop ist eine Planetenkarte, die ausschließlich zur Beantwortung beruflicher Fragen verwendet wird. Manch einer mag sich fragen, wie es sich von Eignungstests und Berufsberatung unterscheidet, glauben Sie mir, es ist groß.

Ein Berufstest kann zwar zeigen, dass Sie ein perfekter Bauingenieur sein werden, aber er kann weder Ihren Erfolg in diesem Bereich noch Ihr finanzielles Potenzial oder Ihr emotionales Wohlbefinden in diesem Beruf vorhersagen. Was ist, wenn ein Beruf wie der des Bauingenieurs für Sie gefährlich ist, weil Sie die Veranlagung haben, bei einem Sturz zu sterben? Das könnte Ihnen passieren, wenn Sie ein Dach, eine Brücke oder ein anderes Bauwerk inspizieren.

Ein Eignungstest kann dies nicht vorhersagen, wohl aber ein berufliches Geburtshoroskop.

Es ist nicht weniger wahr, dass einige keine Probleme bei der Wahl ihrer Berufe haben, und wenn man ihr Horoskop analysiert, ist das offensichtlich; aber wie es in allen Fällen geschieht, können sie Probleme haben, die sich aus dieser Arbeit ergeben, weil es unmöglich ist, dass sie "Meister" in allen Fähigkeiten sein können, die für das, was sie tun, notwendig sind.

Die psychische Verfassung einer Person wirkt sich auf alle Angelegenheiten aus, die mit ihrem Beruf oder ihrer Berufung zu tun haben. So könnte eine Person, die streitlustig ist und sich leicht bedroht fühlt, diese Eigenschaften in einem "gewerkschaftlichen" Beruf einsetzen, um die Interessen und Rechte der Arbeitnehmer zu verteidigen.

Stellen Sie sich nun dieselbe Person als Lehrer von Kindern im Teenageralter vor.

Viele Menschen sind in ihrem Beruf unglücklich, weil sie ihre Träume, ihr Potenzial und ihre Talente nicht ausleben können. Niemand hat sie angeleitet, ihre Fähigkeiten zu entfalten, und es wurde ihnen nie erklärt, dass es einen Unterschied zwischen Beruf, Berufung und Arbeit gibt.

Das Alter des Klienten, die gelebten Erfahrungen sind entscheidend, denn wenn wir erwachsen sind, können die Bereiche Ehe und Kinder Einfluss nehmen. Das ist der Grund, warum man manchmal Leute findet, die einem Hobby mehr Aufmerksamkeit schenken als der Arbeit, denn oft sind unsere Talente in diesen Unterhaltungen verborgen.

Es kommt sehr häufig vor, dass erfolgreiche Menschen in ihren brillanten Berufen unglücklich sind, weil ihr Temperament mit diesem Beruf nicht vereinbar ist.

Es gibt auch Menschen, die ihre Arbeit lieben, aber wenig Erfolg haben. Hier sind die Temperamentsfaktoren Mond, Sonne und Aszendent mit ihrer Arbeit vereinbar, aber der Planet, der diesen

Beruf regiert, ist durch die Platzierung oder Aspekte schwach und verwehrt ihnen den gewünschten Erfolg.

Es gibt viele Aspekte, die bei der Berufswahl zu berücksichtigen sind, man kann sogar mehrere haben, aber im Allgemeinen kann man sagen, dass die kardinalen Zeichen (Widder, Krebs, Waage und Steinbock) Organisationstalent haben, sie sind Initiatoren und neigen daher dazu, ihr eigenes Unternehmen zu haben, weil sie sich nicht gut unterordnen können.

Krebs wäre hier die Ausnahme.

Fixe Zeichen (Stier, Löwe, Skorpion und Wassermann) wissen, wie man Ressourcen oder Menschen verwaltet, sie bringen zu Ende, was andere beginnen, sollten aber nicht in Positionen arbeiten, in denen Flexibilität gefragt ist.

Die Ausnahme wäre hier der Wassermann, der ein wenig unberechenbar und exzentrisch ist, seine Individualität muss berücksichtigt werden.

Die veränderlichen Zeichen (Zwillinge, Jungfrau, Schütze und Fische) können eine unglaubliche Menge an emotionalem Stress bewältigen, ohne davon beeinträchtigt zu werden. Weil sie so fließend und flexibel sind, sind sie zu einer unglaublichen Anzahl von Aufgaben fähig.

Hier wäre die Ausnahme die Jungfrau, sie muss individuell analysiert werden.

Ein Bewerbungsschreiben zeigt immer unsere Talente, unsere Fähigkeiten, Geld zu verdienen, und vor allem: unseren Willen zum Erfolg.

Bis dass das Geld uns scheidet!

Es ist sehr kompliziert, Liebe und Geld in Einklang zu bringen. Es ist erwiesen, dass nach einer Zeit, in der alles rosig ist, wirtschaftliche Diskrepanzen auftreten.

Kommunikation ist das A und O in jeder Beziehung, aber das Thema Geld ist sehr heikel, und deshalb meiden viele dieses Thema.

Die Technologie hat die finanziellen Probleme verschärft; Konflikte über Geld zwischen Paaren haben zugenommen, da Geld in gewisser Weise unantastbar geworden ist.

Virtuelle Transaktionen und andere Verfahren, die an die Stelle des Bargelds getreten sind, verursachen große Komplikationen, da es schwieriger ist, die finanziellen Transaktionen zu kontrollieren und zu verfolgen.

Die Familienfinanzen sind ein grundlegender Bestandteil der Beziehung, und wenn sie nicht gesund sind, schaden sie der Verbindung.

Geld verursacht so viele Konflikte, dass es nach Untreue der zweithäufigste Grund für eine Scheidung oder Trennung ist.

Wir alle haben unterschiedliche Ausbildungen und Gewohnheiten, wenn wir heiraten, vereinen wir sie mit denen der anderen Person. Die Ungleichheit unserer

Bildung bedeutet nicht, dass die Bräuche des einen schlecht und die des anderen gut sind, sie sind einfach unterschiedlich, wir müssen sie verstehen, sie bewerten und entscheiden, welche für die Beziehung angemessen sind.

Stereotype, sozialer Druck und das Streben nach einer Kultur der Gleichberechtigung haben dazu geführt, dass Paare ihr Verhältnis zum Wirtschaftsbudget geändert haben.

Es ist heutzutage sehr schwierig, ein Paar zu finden, bei dem nicht einer der Partner eine neue Anschaffung als eine alte ausgibt, sagt, dass er/sie etwas mit einem Rabatt gekauft hat, obwohl dies nicht stimmt, Geld von Sparkonten abhebt, ohne dies mitzuteilen, geheime Konten oder verstecktes Geld hat, über Schulden lügt, Geld für die Kinder ausgibt, ohne es mit dem Partner zu teilen, usw.

Etwas, das sehr verbreitet ist und dass ich nicht verstehe, ist die Trennung der Finanzen. Wenn wir heiraten, dann deshalb, weil wir eine Einheit haben wollen. Indem wir teilen, schaffen wir eine Symbiose zwischen zwei Menschen, die viel effektiver ist als die Summe der Teile; wenn wir die Finanzen trennen oder die wirtschaftliche Verantwortung einem der Mitglieder des Paares aufbürden, dann schaffen wir eine Trennung.

In unzähligen Ehen kommt es zu Komplikationen, wenn das Geld wertvoller wird als die Beziehung. Wenn Sie Ihr Geld getrennt halten, teilen Sie Ihrer besseren Hälfte im Grunde mit, dass Sie ihr nicht vertrauen, und wo es keine Klarheit und kein Vertrauen gibt, gibt es auch keine Zukunft.

Aus astrologischer Sicht gehört der Widder zu den finanziell untreuesten Sternzeichen. Widder haben ernsthafte Probleme, ihre Finanzen zu verwalten, und da sie der Meinung sind, dass Geld dazu da ist, ausgegeben zu werden, verbergen sie viele wirtschaftliche Transaktionen vor ihren Partnern.

Waagen leben gerne über ihre Verhältnisse, wenn sie etwas sehen, das ihnen gefällt, denken sie nicht zweimal nach, sie kaufen es, selbst wenn sie mittellos sind und verstecken es im Kofferraum des Autos, wenn sie herausgefunden werden, sagen sie, sie hätten es schon vor ihrer Heirat gehabt!

Der Krebs ist berühmt für seine Unfähigkeit, Versuchungen zu widerstehen, und Paare mit einer Jungfrau-Komponente gehören mit all ihren analytischen Fähigkeiten zu denjenigen, die am meisten die Bank überziehen.

Am pragmatischsten, diszipliniertesten und ehrlichsten in finanziellen Angelegenheiten sind Steinbock und Fische.

Wenn wir mit einer anderen Person zusammenleben, müssen wir den besten Weg finden, um mit Geld umzugehen, Vereinbarungen und Meinungsverschiedenheiten zum richtigen Zeitpunkt mitzuteilen, da das Festhalten an Groll oder Kommentaren keine Lösung darstellt.

Autoritäts- und Gehorsamsverhalten führen zu asymmetrischen Beziehungen, die auf Ungleichheit beruhen, insbesondere wenn man Macht mit Geld ausübt.

Literaturverzeichnis

Einige Informationen wurden aus den von den Autoren veröffentlichten Büchern entnommen: Liebe für alle Herzen, Geld für alle Taschen und Horoskope 2022 und 2024.

Artikel im Nuevo Herald, verfasst von einem der Autoren.

Über die Autoren

Zusätzlich zu ihrem astrologischen Wissen verfügt Alina A. Rubi über eine reichhaltige berufliche Ausbildung; sie hat Zertifizierungen in Psychologie, Hypnose, Reiki, bioenergetischer Kristallheilung, Engelsheilung, Traumdeutung und ist spirituelle Lehrerin. Rubi verfügt über Kenntnisse in Gemmologie, die sie nutzt, um Steine oder Mineralien zu programmieren und sie in kraftvolle Amulette oder Talismane des Schutzes zu verwandeln.

Rubi hat einen praktischen und ergebnisorientierten Charakter, der es ihr ermöglicht hat, eine besondere und integrative Sichtweise auf verschiedene Welten zu haben, die Lösungen für spezifische Probleme ermöglicht. Alina schreibt die monatlichen Horoskope für die Website der American Asociation of Astrologers; Sie können sie auf der Website www.astrologers.com lesen. Zurzeit schreibt sie eine wöchentliche Kolumne in der Zeitung El Nuevo Herald über spirituelle Themen, die jeden Sonntag in digitaler Form und montags in gedruckter Form erscheint. Er hat auch ein Programm und ein wöchentliches Horoskop auf dem YouTube-Kanal dieser Zeitung. Ihr Astrologisches Jahrbuch wird jedes Jahr in der Zeitung "Diario las Américas" in der Rubrik Rubi Astrologa veröffentlicht.

Rubi hat mehrere Artikel über Astrologie für die monatliche Publikation "Today's Astrologer" geschrieben und Kurse über Astrologie, Tarot, Handlesen, Kristallheilung und Esoterik gegeben. Auf ihrem YouTube-Kanal stellt sie wöchentlich Videos zu esoterischen Themen zur Verfügung: Rubi Astrologa. Sie hatte ihre eigene Astrologie Sendung, die täglich über Flamingo T.V. ausgestrahlt wurde, wurde von mehreren Fernseh- und Radiosendungen interviewt und veröffentlicht jedes Jahr ihr "Astrologisches Jahrbuch" mit dem Horoskop nach Sternzeichen und anderen interessanten mystischen Themen.

Sie ist Autorin mehrerer Bücher, darunter: "Reis und Bohnen für die Seele" Teil I, II und III, eine Zusammenstellung esoterischer Artikel, die in Englisch, Spanisch, Französisch, Italienisch und Portugiesisch veröffentlicht wurden. Geld für alle Taschen", "Liebe für alle Herzen", "Gesundheit für alle Körper", Astrologisches Jahrbuch 2021, Horoskop 2022, 2023, 2024, Rituale und Zaubersprüche für den Erfolg in den Jahren 2022, 2023, Zaubersprüche und Geheimnisse, Astrologie Kurse, Rituale 2024 und Chinesisches Horoskop 2023 und 2024, alle in fünf Sprachen erhältlich: Englisch, Italienisch, Französisch, Japanisch und Deutsch.

Rubi spricht perfekt Englisch und Spanisch und kombiniert alle ihre Talente und Kenntnisse in ihren Lesungen. Sie wohnt derzeit in Miami, Florida.

*Weitere Informationen finden Sie auf der **Website** www.esoterismomagia.com.*

Alina A. Rubi ist die Tochter von Alina Rubi. Sie studiert derzeit Psychologie an der Florida International University.

Seit ihrer Kindheit interessiert sie sich für alle metaphysischen und esoterischen Themen und praktiziert Astrologie und Kabbala seit ihrem vierten Lebensjahr. Sie verfügt über Kenntnisse in Tarot, Reiki und Edelsteinkunde. Sie ist nicht nur Autorin, sondern zusammen mit ihrer Schwester Angeline A. Rubi auch die Herausgeberin aller von ihr und ihrer Mutter veröffentlichten Bücher.

*Für weitere Informationen kontaktieren Sie sie bitte per E-Mail: **rubiediciones29@gmail.com***